二見文庫

夜の告白

素人投稿編集部

目次

夜の告白

昂る気持ちを抑えきれなくなった私は息子の股間へと手を伸ばしてしまい……

○山本真澄（仮名）パート・三十七歳

私は東京近県に住む三十七歳の元専業主婦です。元というのは、昨年末に夫の浮気が原因で離婚してしまったからです。

現在は近所の小さな食品関係の会社で、電話の応対や事務などのパートの仕事をしながら、中学三年生になる一人息子の幸治《こうじ》と、２ＤＫのアパートで二人で暮らしています。

今度のアパートに移ってからは、幸治と同じ部屋で寝るようになりました。それは、以前暮らしていたマンションよりも部屋数が少ないことや、夫によくなついていた幸治が寂しがったためです。

夫と別れた当時は、もう男性なんか懲り懲りだと思っていました。同僚の女性や男性社員からも冗談半分で、新しい彼氏を作ったらとか再婚すればとか、からかわれたこともありましたが、そんな気持ちにはとてもなれませんでした。

でも離婚して半年以上も経てば、女盛りの身なのですから自然に体もうずくようになります。特に生理前などには何だか体が火照《ほて》って、セックスをしたくてたまらないような気持ちになったりもしました。

でも、会社にはそんなふうになってもよいと思えるような男性もいないし、女子高生のように出会い系サイトや伝言ダイヤルなどで、恋愛やセックスの相手を見つけるような度胸はありませんでした。

そんなときに仕事帰りに立ち寄ったコンビニで、レディースコミックを見かけたのです。

以前に友達から、ものすごくエッチな内容が描かれているという話を聞いたことはありましたが、今までは一度もそんなものを読んだことはありませんでした。

何の気なしに手にとって見てみると、それはとても女の人が描いたり読んだりするとは思えないくらいに、びっくりするようないやらしい内容が描かれていました。

私は初めて見るレディースコミックの内容に驚きましたが、絵柄がきれいなせいか不思議と嫌悪感を覚えることはありませんでした。

そして何となく興味を引かれて、その中の一冊を買い物カゴに入れてしまったのです。

改めて家に帰って読んでみると、その内容は本当にものすごくいやらしいものばかりでした。

中には、かなり年下のかわいい中学生や高校生の男の子を誘惑する主婦の話や、実の息子とセックスをするようなものまであったりするのです。

不思議なことなのですが、実の息子とセックスするなんてどうかしてると頭では思いながらも、息子と母親のセックスが出てくる内容のものが一番興奮しました。

レディースコミックの登場人物を自分と幸治に置き換えて想像しただけで、ジワッと愛液が滲《にじ》んでしまうくらいの昂《たかぶ》りを覚えてしまったのです。

それは夫の浮気のことがあって、男のずるさを身をもって感じていたからだと思います。まだ大人のずるさに染まっていないかわいい男の子とのセックスは、とっても好奇心をそそられるものがありました。

それ以来、セックスをしたい気分になってしまったときには、コンビニでレディースコミックを買い、それを読み耽《ふけ》るようになりました。

そして、同じ部屋で寝ている幸治に気づかれないように、レディースコミックの内容を思い出しながら、オナニーをして自分の体を慰めるようになりました。

いつものように幸治がよく寝入っているのを確かめてから、声を押し殺しながらオナニーをしていたときのことです。

私は幸治にクリトリスを舐《な》められることを想像しながら、パジャマのズボンの中に右手を忍び込ませて、クリトリスを人差し指でクリクリといじっていました。

実の息子とのいやらしい行為を想像しただけで、おま○こがジンジンして愛液が溢《あふ》れてきます。

幸治が隣で寝ているのに、こんないやらしいことをしてしまうなんてと思うと、余計に体が熱く火照ります。

想像の中で、幸治はレロレロと舌先でクリトリスを舐め回します。

ついついいやらしい声が出てしまいそうになるのを抑えながら、私はまぶたをギュッとつぶると愛液を指先になすりつけて、夢中でクリトリスを撫《な》で上げました。

（ああんっ、幸ちゃん駄目よ……。そんなこと……。そんなところを舐めたら……。あぁっぁーっ、イクっ、イッちゃう……）

イクッと感じた瞬間、全身に電気が走ったような激しい快感が突き抜けました。クリトリスがズキズキと痺《しび》れるように脈を打っています。

ふと我に返った私は驚きました。布団の中でハアハアと荒い呼吸をする私の様子を、目の前で幸治がじっと見つめていたのです。

オナニーに夢中になっていた私は、幸治が起きてしまったことに気がつかなかったのです。慌てた私は、少しはだけたパジャマの胸元を手で押さえて整えながら、上半身を起こしました。

オナニーを見られてしまった恥ずかしさと気まずさもあって、私は俯《うつむ》いて押し黙ってしまったのですが、幸治は私のほうへとにじり寄ってきました。

「ママ……どうしたの。大丈夫？」

そして幸治は、心配そうに私の顔を覗《のぞ》き込んできました。

「……ああ、幸ちゃん、大丈夫よ」

「ホントに……、ママ……どこか具合が悪いんじゃないの？」

幸治はハアハアと苦しそうに呼吸をしている私の様子を見て、体の具合が悪くなったのではないかと心配しているようでした。

中学生とはいっても、幸治は母親の私から見てもあまりマセているほうではないと思います。だから、私がオナニーをしていたとは思ってもいないようでした。

「大丈夫よ。何でもないのよ……、心配しないで……」

「本当？　ママに何かあったら……ボク……。本当に、本当に何でもないの？」

私は体のことを心配してくれる幸治を、心底いじらしくて愛しいと思いました。

それと同時に、絶頂の余韻に昂っている私は男性の体が欲しくてたまらなくなっていたのです。

いけないことだとは頭では思いながらも、私の手は知らず知らずのうちに幸治の股間に伸びていました。伸びた指先はストライプ柄のパジャマの中央部分に隠れている、男性器を探り当てようとします。

「ママ……？」

幸治は私が何をしようとしているのかもわからずに、不安そうに私の顔を見つめていました。

「幸ちゃん、おち○ちんをいじってオナニーをすることあるでしょう？」

「…………」

幸治は困ったように、モジモジとしていました。

「ママもね……、オナニーをしてたの……。だから、体の具合が悪いんじゃないのよ。心配はいらないのよ」

「ママが、オナニーをしてたの？」

「幸ちゃんだって、オナニーをするでしょう。……だからママがしたって、おかしくないでしょう」

私は幸治だけではなく自分自身にも言い聞かせるように、オナニーをしていたことを打ち明けました。

指先でユルユルといじっているうちに、幸治の股間でフニャリとしていたものが少しずつ硬くなってきました。

「ほら、幸ちゃんのおち○ちんだって、硬くなってきたわよ」

「……だって、ママがそんなふうにいじるから……。そんなことされたら……、大っきくなっちゃうよぉ」

「ねっ、いいのよ、ママが触ってあげるから大きくしたって……」

「駄目だよ。ママ……。恥ずかしいよぉ……」

幸治は困ったように、お尻を引いて私の指から逃げようとしました。それでも指の中のおち○ちんは、ピクピクしながら硬さを増していきます。ママだって、幸ちゃんのおち○ちんを見たいわ」

「幸ちゃん、ママのオナニーを見ちゃったんでしょう。ママだって、幸ちゃんのおち○ちんを見たいわ」

赤ちゃんのときから、オムツを替えて大切に育てた一人息子です。小学校低学年までは一緒にお風呂に入っていましたが、それ以降は一緒に入ることもなくなってしまったために、幸治のおち○ちんをジックリと見たことはありませんでした。

「ねっ、ママがオムツを替えてあげたんだもの、恥ずかしくなんかないでしょう。幸ちゃんのおち○ちんを見せて」

パジャマの中のものは、いつの間にか指を押し返すくらいにギンギンに硬くなっていました。手のひらにギュッと握り締めて大きさを確かめると、それはもうちゃんとした大人の男の大きさでした。

「ママが知らない間に……こんなに成長していたのね」

私は自分の声がうわずっているのを感じていました。

「やだよ、ママ……。恥ずかしいよっ……」

幸治は後ずさりをしようとしましたが、私は幸治のパジャマのズボンをぐっとつかむと、膝の辺りまでズルズルと引き下ろしてしまいました。

白いブリーフの股間は、おち○ちんの形にくっきりと盛り上がっています。

「大丈夫よ、心配しないで……」

「マ、ママ……」

私はブリーフの上から手のひらで、それを撫で回しました。幸治はどうすることもできないのか、されるがままになっています。

「幸ちゃんも、もう立派に大人なのね。ママ、とっても嬉しいわ」

私は幸治の成長ぶりが嬉しくてたまりませんでした。嬉しさのあまり、ブリーフのゴムの部分をつかむと、少々強引に引き下げてしまいました。

「アアッ……」

ブリーフで押さえつけられていたものが、私の目の前に勢いよく飛び出てきました。硬く勃起したそれは、今にもお腹につきそうなくらいです。

その勃起した角度は、もうすぐ四十代になろうかという前夫のものとは、とても比べ物になりません。そして、大きさも前夫と比べても、少しも劣ることのない立派なものでした。

「幸ちゃんがおち○ちんを見せてくれたから、ママがいいことしてあげる」

私の頭の中をレディースコミックで読んだ、息子とセックスをする母親の物語がグルグルと駆け巡ります。レディースコミックの中では、母親が息子のおち〇ちんを美味しそうにパックリと咥《くわ》えて舐めしゃぶっていました。

私はその場面を再現するように、幸治の股間に顔を近づけました。

「ママ……」

「いいのよ、ママに任せて……」

幸治のおち〇ちんはもう立派にムケていました。変に黒ずんでいなくて、とてもきれいな色つやをしています。

私はアーンと大きく口を開くと、お腹につきそうなくらいに硬く勃起しているものをパクッと咥えました。

「アアーッ、ママッ……」

幸治はイヤイヤをするみたいに、悩ましく腰を引くように揺り動かしました。

私は幸治が逃げないようにと、左手を幸治の腰に絡めます。

硬く勃起したおち〇ちんは、右手の指を添えて押さえていないと、ポロンッと口からこぼれてしまいそうです。

私は唇をすぼませて、しごくようにしゃぶり回しました。

レディースコミックで読んだみたいに、ぷりんっとした張りのあるカリ首の真ん中にある割れ目にも、舌先を挿し入れて丁寧に舐め回します。

フェラチオなんて夫にもほとんどしてあげたことはありませんでした。舐め回すたびにますます硬くなって、青っぽい血管が浮き上がってきます。

何だかコミックのヒロインになったみたいで、私はとっても興奮していました。

オナニーでイッたばかりのあそこは、すでにヌチョヌチョになっていましたが、さらにトロリとした愛液が滴り落ちてくるのがわかります。

ショーツのおま〇こに当たる部分はベチョベチョに濡れて、ちょっと気持ちが悪いくらいです。

私はおち〇ちんの茎の部分に手を添えて、先っぽの割れ目をゆっくりと舌先で舐め上げました。すると、先のほうから少ししょっぱいようなヌルついた先走りのオツユが、どんどん溢れてきます。

「すごいわ、幸ちゃん。オツユがいっぱい出てくるわ」

「ふぁっ……ママ、気持ち……いい……」

膝の辺りまでズボンとブリーフを下ろした格好の幸治は、お尻を左右にくねらせながら初めてのフェラチオを味わっているようでした。

「いいのよ、幸ちゃん。いっぱい気持ちよくなって……」

根元まで咥えると、喉の奥に当たって苦しいくらいです。それでも私はそそり立ったものの茎の部分に、舌先を這《は》わせました。

「ママ、気持ちよすぎて変になっちゃうよぉ……」

幸治は女の子みたいに少し甲高い声をあげて、かわいらしく悶《もだ》えました。

パクッと根元まで咥えたものの下にあるタマタマが、ヒクヒクと伸びたり縮んだりして動く様子がなんだかかわいく思えてしまいます。

夫に頼まれてフェラチオをしたことはありましたが、ここまで興奮したり、そのものを愛しいと思ったことはありませんでした。

「幸ちゃんのおち〇ちんをナメナメしてると、ママも変な気持ちになっちゃう」

私は下半身の辺りが、ジワジワと火照ったようにうずくのを感じました。

フェラチオをするだけではなくて、私の体にも男性からの愛撫を受けたくてたまらなくなっていました。

私はパジャマの胸元のボタンをゆっくりと外しました。寝るときにはブラジャーは着けていないので、ボタンが外れた胸元から二つのおっぱいがポロンと露《あらわ》になりました。

「ママの……おっぱい……」

Ｃカップのおっぱいは大きくはないのですが、母乳があまり出なかったせいか年齢のわりには垂れていません。

そのおっぱいに、幸治の熱っぽい視線が注がれていました。

「そうよ、幸ちゃんが赤ちゃんのときに吸ったおっぱいよ。ねっ、赤ちゃんのときみたいに吸ってみて……」

私は幸治のほうへおっぱいをググッと突き出すと、おねだりをするようにおっぱいを左右にプルプルと振ってみせました。

「おっぱいだ、ママのおっぱい……、とってもきれい」

幸治は目を輝かせると、膝をついておっぱいにむしゃぶりついてきました。ぢゅうぢゅうと音をたてながら、乳首に吸いついてきます。

久しぶりのおっぱいへの愛撫です。興奮した幸治が必死に吸いついてくると、乳首はすぐに硬くなってしまいました。

乳首に歯を立てながらあまり強く吸われると、ひきつれて少し痛いくらいです。

「幸ちゃん、あんまり乱暴にしたら痛いわ。もっと優しくして、ねっ」

「こう？」

私の言葉に、幸治は反応を窺《うかが》うように上目使いで尋ねてきました。

こうやっておっぱいを吸われると、幸治が赤ちゃんだったときのことを思い出してしまいます。赤ちゃんだった幸治とこんなことをしているだなんてと思うと、よけいにいけないことをしているのだということで興奮してしまいました。

幸治は右のおっぱいを吸いながら、右手で左のおっぱいの柔らかな感触を楽しむようにモミモミしています。

「ああ、幸ちゃん、おっぱい気持ちいい、ママ、いやらしい声が出ちゃうわ」

「ホント、ママ？　ママも気持ちいいの？」

「ホントよ。ママも気持ちよすぎて、変になっちゃうわ……。いやらしくなっちゃう。幸ちゃんのこと……、欲しくなっちゃうわ……」

私は左手で幸治の頭を抱きかかえながら、淫らに体をくねらせました。

右手で幸治の股間で蠢《うごめ》く、唾液と先走りのオツユでヌルヌルになったおち○んを握りしめながら、我が子の逞《たくま》しさを確かめます。

「ママ……、体がウズウズしちゃうの。もっともっと……いやらしいことがしたくなっちゃうわ……」

「どっ、どうすればいいの……？」

幸治は素直な瞳で見つめ返してきます。

私は下腹の辺りから込み上げてくる快感に、恥ずかしさと母親の自覚すら忘れて突き動かされていました。

「幸ちゃん、おち○ちんをナメナメされて気持ちよかったでしょう。ママもおま○こをナメナメされたくなっちゃったの……」

私は穿《は》いていたパジャマのズボンに手をかけると、お尻を左右に揺り動かしながらショーツごと脱ぎ下ろしました。

幸治は私の下腹部に逆三角形に生い繁る陰毛を、食い入るように見つめています。

私はレディースコミックで読んだ若い男の子を誘惑する主婦のように、布団の上にお尻をついたまま、ゆっくりと太腿を左右に割り開きました。

実の息子といけないことをしているという背徳感からか、私の体からはヌルついた液体がたらたらと滴り落ちてきます。

「ここが……ママの……？」

「そうよ、ここがママのおま○こよ。幸ちゃんはここから生まれてきたのよ」

私は両方の指先でビラビラを左右に開いて、膣口を曝《さら》け出しました。

幸治が顔を前にくっと突き出して、私のあそこを見つめています。熱っぽい呼吸がかかるほどの距離で、息子の前に性器を晒《さら》すという淫らな行為に、私のおま○こはカアーッと熱く火照っているようです。

「ボクがここから……。ボク、こんなちっちゃなところから出てきたの」

「そうよ、もっとちゃんとよく見て……」

わずかに残った羞恥心と興奮が、私の中で激しく葛藤しています。それでも、一度開いた太腿を閉じることはできません。

「触っても……いいの?」

幸治は恐る恐るといった様子で尋ねました。

「いいのよ、触っても……。ママが幸ちゃんのおち○ちんをナメナメしてあげたみたいに、幸ちゃんもママのおま○こをナメナメして……」

フツフツと湧《わ》き上がってくる期待感に、私はもうこれ以上開かないというくらいに太腿を開きました。

幸治はその場所を確かめるように、ゆっくりとおま○この中に指を差し入れてきました。

「わあっ、あったかい……。それに、すごくヌルヌルになってる」

幸治の口から感極まった声があがりました。

すでに愛液でヌルヌルになっている部分に、幸治の顔が近づいてきます。熱い吐息がかかると、温かく柔らかい舌先の感触が、割れ目の上をレロンと滑りました。

「アアンンッ……」

思わず背筋がのけ反るくらいの快感が走ります。私は両手をつくと、股間を見せつけるように突き出していました。

「ああっ、イイわ……。たまんない。気持ちいい……頭が変になっちゃいそう」

「ホント、ママ、気持ちいいの、ホントに、ホントに気持ちいいの？」

幸治は私の喘ぎに懸命に舌先を動かします。ヌルついた舌先がビラビラの上を滑る感触に、思わず声が洩《も》れてしまいます。

「幸ちゃんっ、いいわ……。ナメナメがすごく気持ちいい……。もっと、ビラビラしているところの上のところもナメナメしてぇ——」

まだまだ拙い舌遣いがもどかしくて、まるで意地悪く焦《じ》らされているみたいです。私ははだけた胸元を振りたくりながら、はしたなくおねだりをしてしまいました。

「ここ……？」

「そうよ……、そこよ。そこがクリトリスよ。そこが一番気持ちいいの……、そこをペロペロして……」

幸治はビラビラの上のクリトリスをペチョペチョと舐め回します。昂りにクリトリスがピィンと硬く尖《とが》っているのが自分でもわかります。

温かく滑らかな舌先の感触に、指先のオナニーとは比べ物にならないくらいに悦《よろこ》びが湧き上がってきます。

「いいわ、幸ちゃん。すごくイイわ……。すっごく上手よ。ママ気持ちよくて、変な声が出ちゃう」

ジュクジュクと溢れる愛液と唾液で大洪水状態です。卑猥《ひわい》なオツユが滴り落ちてシーツをジットリと濡らしています。

「ママ、おかしくなっちゃう……。イッ、イッちゃいそうよ」

「いいの……ママッ……、イクの、イッちゃうの……？」

幸治はクリトリスを責めたてるように、執拗《しつよう》に舐め上げています。

夢の中で何度もオナニーのオカズにした光景を演じていることが、私の興奮をさらに煽《あお》り立てます。

私は自分の乳首を指先でいじりながら、クンニに酔い痴《し》れていました。

「イイッ、いいの……、イッ……イッちゃううっ……イッちゃうーん」

渾身の一舐めがクリトリスを直撃したときに、私の体が大きく跳ね上がりました。幸治のクンニによってイッてしまったのです。

それでも懸命に舌を使っている幸治は、まだクンニを止めようとはしません。

絶頂に達してしまったクリトリスは、ジンジンと鼓動を打って舐められるのが辛いくらいです。

「はあああ……、もう、もう駄目っ、許してぇ……」

私があおむけに倒れ込んだまま息も絶え絶えに訴えると、ようやく幸治はクンニを止めてくれました。

「ママ、イッちゃったの……？」

「そうよ、幸ちゃんのナメナメがあんまり上手だから、ママ……イッちゃった」

クンニによってイッてしまった私は、幸治の顔を見つめました。息子、幸治が大人の男に映って見えました。

自分の指先でのオナニーとクンニによって二度も達しているとはいえ、私の体はますます貪欲に息子を求めていました。

「ママだけがイッちゃったらズルイわね。幸ちゃんだってイキたいでしょう?」

私の問いかけに幸治は無言で首を縦に振りました。幸治を取り残して私だけがイッてしまったために、幸治のおち○ちんは、まだカチカチに硬く反り返ったままです。

「ほんと、まだ硬いまんまね。このままじゃ幸ちゃんがかわいそうよね。それにママも幸ちゃんのこと、欲しくなっちゃったわ――」

私は幸治のものを優しく握り締めると、たっぷりの愛液で潤っているおま○こへとゆっくりと導きました。

あおむけに横たわった私の体の上に、幸治の体がのしかかってきます。うまく狙いを定めることができないおち○ちんは、ヌルヌルに濡れているおま○この上を、撫で上げるようにユルユルと上滑りしました。

敏感な部分が擦られる気持ちよさに、思わずお尻がはしたなくくねってしまいます。

「アアッ、イイわ。たまんない。幸ちゃん……、きて……きて……」

「ママ……!」

「幸ちゃんはここから出てきたの。だからママの中に帰ってきて……」

私は右手を添えると、ゆっくりと自身の中に導き入れました。

「アアッ、アアーッ、あったかい……」

「すごい、幸ちゃんがママの中に入ってくる。アアーッ、すっごくカタイ……」

硬く勃起した息子のものが侵入してきます。

離婚するずいぶん前から、夫とはセックスレスになっていたので、おち○ちんを受け入れるのはいつ以来なのかわからないくらいに久しぶりのことです。

「気持ちイイ……、ママァッ……、すごい気持ちいいよぉっ、気持ちよすぎてボク変になる。気持ちよすぎて……我慢できないよぉーっ」

「いいのよ……幸ちゃん、もっといっぱい気持ちよくなって……、ママも変になっちゃうわ——」

中を押し広げ、抉《えぐ》るようなおち○ちんの硬さを感じながら、私は夢中で幸治の背中を抱き締めていました。

幸治は中に入れているのが精一杯で、まだうまく腰を使うことができません。

私は幸治のかわりに、お尻を少し浮かせて揺り動かしながら、その硬さと力強さを味わっていました。

「ウァァーッ、ママッ、気持ちイイーッ、駄目っ、もう……イッちゃうよーっ」

「ママもよ……、ママも気持ちよくて……イッ……ちゃいそうよ……」

私は幸治の体にしがみつきながら、お尻を無我夢中で振りたくりました。

「ママーッ、ママーッ、イクゥッ……、イッちゃうよぉーっ」

幸治の体が小刻みにワナワナと震えた瞬間、私の中に熱い液体がほとばしるのがわかりました。

それ以来、私はいけないとは思いながらも体がうずくと、オナニーではなく幸治を誘いセックスをしてしまうようになってしまったのです。

初めはオドオドしてぎこちなかった幸治も、回数を重ねるごとに巧みな愛撫を覚えると同時に、挿入時間も長くなり腰も使えるようになりました。

最近では幸治が恋人を作るまでは、今のこの関係を楽しみたいと思うようにさえなってしまいました。もしも幸治に恋人ができたとしたら、私は冷静でいられるのかしらと考えると不安になります。

決して口に出すことはありませんが、本当は心の中ではこのままずっと幸治を独占したいと思うようになっている自分が、少し怖くなりはじめているのです。

義父を慕う気持ちが頂点に達して夫が出張の夜、寝室へと忍び込み

○後藤久美（仮名）主婦・二十七歳

あの人の寝床に忍んでいくとき、私は心の中で夫にこう謝っています。

（あなた、ごめんなさい……）

そんなときはたいてい、夫は出張中だったりするのだけれど、私が夫を裏切っていることには代わりはないから。それでも、私はあの人を求めずにはいられません。

それは、あの人の腕に抱かれるときの、あの幸せを知っているから。あの人の逞《たくま》しいモノで貫かれるときの衝撃を味わってしまったから。そして、大波のようなエクスタシーにさらわれた私をしっかりと抱き留め、優しく髪を撫《な》でてもらう

ときの、あのなんとも言えない安らいだ気持ちを忘れられないから。

でも、それは絶対に夫には知られてはいけないことです。だって、私が身も心も捧げてしまっているのはただの浮気相手なんかじゃないから。夫があの人と私との関係を知ってしまったら、きっと夫は深く傷ついてしまいます。だから私は夫に深く詫びながら、それでもあの人の寝床に忍んでいってしまうのです。

だって、あの人とは……私の夫の実の父親。つまり私にとっては義父に当たる人なのです。今年で五十八歳、区役所勤めが似合うとても渋い感じの男性。初めての出会いは……私と夫の見合いの席だったでしょうか。

初めて会ったときも、あの人は渋めのスーツをかっちり着こなしていて、いかにも実直そうに息子さんを紹介していました。朴訥《ぼくとつ》だけれど飾りのない、正直な気持ちが伝わってきて、私はひと目で「ああ、この人は信じられる、いい人だわ」と思いました。

本当は、そのときすでに私の胸は彼を見てときめいていたのだけれど、そんな気持ちは考えまいとしました。実は仲人さんにも両親にも内緒だったのですが、私は以前に勤めていた会社で、二十も年上の上司と不倫関係にあったのです。

もちろん、そのときにはきっぱりと別れていましたが、私の中には、確かに年上好きの血が流れているのです。考えてみれば初恋は中学のときの担任の先生。奥さんも子どももいるそれも中年の先生でした。

高校、大学でも同学年や先輩の男の子にはさっぱり興味が湧《わ》かず、それよりもうんと年の離れた、ダンディーな中年男性ばかりに惹《ひ》かれるのです。こんな自分は異常なんだろうかと悩み、あえて同学年の男の子に抱かれたのは十九歳のときです。

でも、結局その彼とも長続きはしませんでした。

とはいえ、さすがに会社の上司との不倫関係を終わらせたときは、ホッとしました。これでいいんだ、私は普通の男性と結婚して、普通の家庭を築くんだから……そう思って、親戚が持ってきた見合い話を受けることにしたのです。

もちろん、そのときはまさか見合い相手のお父さまにときめいたからといって、それ以上の感情を抱こうとは思いませんでした。

見合い相手の夫はとりたてて目だったところのない人でしたが、私はかえってそれが気に入って、交際を始めました。つきあってみると、やっぱり特に意外性のない平凡な人でしたが、きっと平凡だけど幸せな家庭は、こういう人と築くものなんだろうって、私は思いました。

だから、彼のプロポーズも喜んで受けました。彼の母親は早くに亡くなってい て、彼と父親の二人暮らし。私の両親は私が男二人所帯に嫁いでいくのが少し不安だったみたいですが、私は家事全般はしっかり身につけていたし、むしろ、彼のお父さんとは絶対にうまくやっていける自信が私にはあったんです。

そうして結婚して半年、私は夫と義父との平凡で暖かな生活を続けていました。

義父は思ったとおり紳士的で実直な人で、息子の嫁になった私にとても気を遣ってくれました。「あれは男手で育てられたからがさつでね。困ったことがあれば、なんでも私に相談しなさい」と口癖のように言ってくれました。

でも、そんなふうに義父に優しくされればされるほど、考えまいとしていた年上の男性への憧れが、私の中に少しずつ蓄積されていったのです。夫は確かに優しいし、私よりも三つ年上です。でもそういうのとは根元的に違うのです。

それはそう、男性としての包容力というか、人生経験を積んできた落ち着きとでも言うべきもので、残念ながら義父が持っているそれは、夫の中には存在しませんでした。最近になって始めたゴルフを熱心に練習する義父。休日に庭木の手入れをする義父。亡くなった奥さまのためか、こまめに仏壇の手入れをしては、私を恐縮させる義父。

けっして声を荒げることもなく、人を妬《ねた》むことも羨《うらや》むこともなく、ただ自分の為すべきことを平々凡々とこなしていく、達観した姿に、私の胸は激しくときめくのです。

義父に抱かれたい……私の中にいつしかそんな思いが明確に形作られていきました。

亡くなった奥さまの代わりにはならないけれど、義父はまだまだ五十八歳の男盛りです。男手ひとつで夫を育て、きっと寂しい思いをしてきたに違いありません。そんな義父に少しでも喜んでもらいたい……。

いいえ、それは私のごまかしです。理由なんてどうでもいい、私は義父に抱かれたい。息子の嫁としてではなく、一人の女として愛され、彼のモノを受け入れ、彼とひとつになりたい。

馬鹿な女の浅ましい肉欲だと、人は思うかもしれません。けれど「義父に愛されたい」という私の思いは日増しに膨れ上がっていきました。夫は私の気持ちなど気づく様子もありませんでしたが、勘のいい義父は「何か悩み事でもあるんじゃないのかい」と気を配ってくれました。

けれども、まさか夫の実父に「抱いてください」と頼むわけにもいきません。

もし万が一、義父が私の思いを受け入れてくれたとしても、それは私と夫の夫婦生活の崩壊を意味するのですから。そうなれば結局は私と義父の仲も終わりということです。

そんなふうに、悶々と過ごす日々が過ぎていたある日のことでした。夫が三日間の出張に行くというのです。それまでは一応新婚ということでせいぜい日帰り出張だったのですが、半年も過ぎるとそうも言っていられなくなったようでした。

「まあ、電話は入れるから」

と、あっさりと夫は出張に出かけていきましたが、私は気が気ではありませんでした。なにしろ三日間、義父と二人きりなのです。役所勤めの義父は毎日ほぼ定時に帰ってきます。夕方から翌朝まで、この家に私と義父しかいないことになるのです。

私は正直、悩みました。

けれど、自分の義父への思いが本当のものならば、この機会を逃してはいけないような気がしました。夫と別れることになるかもしれない。義父と二度と会えなくなるかもしれない。それでも……それでも私は……。夫の出張一日目の夜、私は悩みに悩みました。そしてとうとう夜半過ぎ、義父の寝室に忍んでいったのです。

畳敷きの義父の部屋に入ると、義父はよく眠っているようでした。私は胸をドキドキさせながら、薄暗がりの中で寝間着を脱いでいきました。お風呂で火照った肌に、夜気が冷たく感じられます。私は思いきって下着もすべて脱いでしまうと、足元のほうから布団の中に入っていきました。

（あぁ……私、とうとう……）

不安はありましたが、不思議と後悔は感じませんでした。それよりも布団の中の義父のぬくもりが嬉しくて、私は彼の太腿《ふともも》のあたりに頬をすり寄せました。そしてまったくの闇の中で、手探りで寝間着の前をまさぐると、義父の……おチ○チンをそっと握ったのです。

「……ん!?　……………」

義父は異変を感じ身をかたくしたようでしたが、私はかまわず彼のそれをそっと口に含みました。それはふにゃっとした感触で、片手でつまめる程度のものでしたが、口の中で舌を絡め、唇で根元のあたりを根気よく刺激し続けていると、次第に芯が通ったようにかたくなっていったのです。

（あぁ、すごい……どんどん、大きくなっていくわ）

私は久しぶりに味わった男の人のアレの味に、うっとりとなりました。実は主人はセックスにはかなり淡泊なほうらしく、あまりいろいろな体位や行為を楽しんだりはしません。私も新婚の新妻のほうからフェラチオを求めるのも気恥ずかしかったですし。

だから、義父のおチ○チンの先からしょっぱい先走り汁が滲み出てきたとき、私は夢中になってそれを啜《すす》り上げていました。それに完全に勃起した義父のそれは、夫のモノにも見劣りしないほど、立派になっていたのです。

「はぁ……はふぅ……」

無我夢中で舌を絡ませ、先端を吸いながら、私は片手で自分の股間をまさぐっていました。ろくに触ってもいないのに、私のそこはすでに熱く潤っていました。夫のおざなりな愛撫ではあまり濡れないのに、こうしておしゃぶりしているだけで、こんなに溢《あふ》れてくるなんて……。

私は夢にまで見た義父のチ○ポをしゃぶるのに夢中で、ほかのことからは一切意識がとんでいました。義父がゆっくりと布団をめくったとき、初めて彼が驚いた顔で私を見下ろしていることに気づき、薄闇の中で私は赤面してしまいました。

「久美《くみ》さん、いったいどうしたんだい……そ、そんな格好で」

突然の出来事に戸惑っている義父に、私は思いきって抱きつきました。そして必死に彼の唇を吸いながら、全裸の下半身を擦りつけました。

「ごめんなさい、すみません、すみません……でも、でも私……わたし……」

ここで彼に拒否されたら、私はすべてを失ってしまう。そして勤勉で実直な彼なら、そうする可能性は低くないはず……私は自分の行いのために降りかかるあらゆる不幸を覚悟し、それでも彼の首筋に顔を埋《うず》めて啜り泣きました。

しばらくそのままの格好で時間が過ぎました。そして義父はゆっくりと腕を上げると、私の体を強く抱きしめてくれました。それはもう息が詰まるほどの抱擁で、私は気が遠くなりそうな心地よさに痺《しび》れました。

「お義父《とう》さま……私……」

今度は義父のほうから私にキスをしてきました。それも舌をねじ込んでくるようなディープキスです。熱く流れ込んでくる唾液は少し煙草臭くて、それも義父の臭いだと思うと私は喉を鳴らしてそれを飲み干しました。

「んっ、はぁあ……お義父さま……」

義父は唇から私の下あごを通って首筋へと唇をずらし、ちゅっ、ちゅっとついばむようなキスをしてくれました。それから舌を伸ばし、鎖骨をすーっとなぞっていって私を身震いさせてくれました。

「あぁ、おっぱいも……おっぱいも吸ってください……」

私のお願いに義父はすぐ応えてくれました。最初は左の乳首から、そして谷間に舌を這《は》わせ移動してから右の乳首へ。しこった乳首を吸いながら、背中のほうから大きな手のひらが滑ってきて、私の乳房をやわやわと揉《も》み上げます。

乳房を責められているだけだというのに、私はほとんどエクスタシーに達しそうなほど悶《もだ》えていました。本当にそのくらい気持ちよかったのです。

彼の手は乳房ばかりでなく、私の背中や腰、脇腹もまんべんなく撫で回してくれました。男性の手は女性のそれよりも温かいといいますが、本当に彼の手のひらは大きくて温かく、さすられたところがほっくりと熱を持つように心地よかったのです。

「お義父さまぁ……私、もっと……もっと……」

ソフトタッチの愛撫だけで狂おしいほど感じてしまった私は、熱い蜜を垂らしているあの部分への愛撫が欲しくてたまりませんでした。フェラチオしていたときから濡れっぱなしなので、アソコがピリピリ痺れるほど待ちきれないのです。

夫には自分からおねだりなどしたことがないのに、私は夫の父親に性器を慰めて欲しいと懇願していました。

するると義父は、いつも見せたことのないようなギラついた目で私を見ると、やおらあぐらをかき、そこに私の体をうつ伏せに横たえたのです。突然のことに私は驚きましたが、不意に「ぴしゃん！」という音とともにお尻に鋭い痛みを覚えて、「ひゃん！」と体を跳ね上げてしまいました。

「お、お義父さま……？」

ぴしゃっ！　ぴしゃっ、ぴしゃっ！

立て続けに浴びせられた平手打ちに、私は泣きそうな顔になりましたが、じわぁーっとお尻から広がってゆく痛みは、なぜか私のアソコにじんじん響きました。

「久美さんは悪い嫁だね……夫が出張でいないからって、夫の父親を誘惑するなんて……キミがこんないけない人妻だとは知らなかったよ」

むしろ穏やかな声でそう言いながら、義父は小さい子にお仕置きをするみたいに、膝に乗せた私のお尻をぴしゃぴしゃ打つんです。私はヒイヒイ喘ぎながら、彼の太腿にしがみつきました。

けれども義父が本気で私のこうした行為をなじっているのではないということは、すぐにわかりました。なぜなら、ちょうど私のお腹のあたりに義父の勃起したものが当たっているんです。

「ごめんなさい、ごめんなさい……久美は悪い嫁です。ふしだらではしたない、エッチでどうしようもない悪妻なんです。ずっと、ずっとお義父さまに抱かれたいって思っていたんですぅ……」

私は涙ながらに告白し、小さな子どものように啜り泣きました。でも、彼にお尻を打たれるたび、その痛みは甘い快感となって私の理性を痺れさせていきました。打たれるリズムに合わせて乳房を義父の太腿に押しつけるとさらに気持ちよくて、甘美なお仕置きはさらに続きました。

「そうか。キミは本当にどうしようもない淫乱な妻だったんだね。なら、しょうがない。息子に代わって私がキミにみっちりとお仕置きをしてあげなくてはね」

「あぁ……お仕置きしてぇ……してくださぃ……」

彼はお尻を打つのを止めると、今度はヒリヒリ痛むお尻の割れ目の間に手を差し込んできました。そしてぐちょぐちょに濡れた私のアソコを指全部を使って掻《か》き回し始めたのです。膣の入り口とクリトリスを一度に刺激され、私の中でスパークするような快感が一気に膨れ上がりました。

「いっ、いぃいいっ！　イクッ、いく、イク、いっちゃ……うぅっ」

そのたった一撃で、私はあっけなく絶頂に達してしまいました。かつての会社の上司との不倫でも味わったことのないほどの、信じられないようなアクメでした。

義父の膝の上で私は体を硬直させ、快感の波が過ぎ去るのをただじっと待ちました。そんな私のお臍《へそ》のあたりに、さっきよりもさらにかたくなったおチ○チンがピクピクと当たっています。

私は絶頂の余韻のさめやらぬまま、このかたくてヒクヒクしているモノをアソコに入れて欲しくて義父を見上げました。すると彼はすべてわかっているというふうに私を膝から降ろし、あおむけに寝かしつけました。そして自分も寝間着を脱ぎ、すっかり全裸になると、私の両足の間に仁王立ちになりました。

「あぁ、お義父さま」

私は両膝を自分で抱えると、股間を義父にさらけ出す格好になりました。さっき達したばかりの私の割れ目は、ヌルヌルした体液にまみれているに違いありません。なんてふしだらな、なんてみっともない人妻でしょう。

けれども彼は何も言わずひざをつくと、私にのしかかってきました。まだ敏感なアソコにかたくてグリッとしたモノが押し当てられたかと思うと、次の瞬間、それが私の肉を押し分け、体の奥の奥まで「ずるーっ」とめりこんできたのです。

「あはぅ……っ……お、おっきぃ……！」

最初にフェラチオしたときよりも、それは数段大きさを増しているようでした。私が膝を抱えていたせいもあるのか、根元までずっぽりと私の膣を占領し、結合部でジョリジョリと二人の陰毛がこすれました。

（ああ、私ついに……お義父さんと関係してしまった！）

悦びとともに、もしかしたらこれが最初で最後の義父とのセックスかと思うと切なくなりました。私は両足を義父の腰に絡めると、せめて一生の思い出になるようなセックスがしたいと思い、自分から腰を揺らしました。

五十八歳とは思えないほどにいきり立ったモノが、私のアソコをこすり、えぐり、ブジュブジュと私の分泌したいやらしい液を掻き出しました。この熱さと、このかたさ、この長さをアソコに記憶させようと、私は悦びに啜り泣きながら腰を揺すり続けました。

「はぅっ、あふぅうう……気持ちいい……気持ちいい、きもちいいぃー……」

そのときの彼がどういう表情をしていたのか、私は怖くて見ることができませんでした。けれども彼は賢明に腰を揺らす私の体をぐいっと抱き寄せ、やがて

「ずんっ、ずんっ」と力強いピストンで私を犯し始めたのです。

「あぁあ、お義父さまおとうさま……私……私……くひぃっ」

すでに指愛撫でイッてしまっていた私は、そのゆっくりとしたピッチのピストン運動にも、はしたないほどに乱れました。ペースこそゆっくりですが、彼のそれはしっかりしたリズムを持って容赦なく私を突き続け、私は髪を振り乱して悶え狂いました。

そして、何度も何度も後追いのようなエクスタシーに私が襲われていると、義父は「うっ……」と短く呻いたかと思うと腰を引き、私のお腹に少量の精液を放ったのでした……。


こうして私は、長い間押さえ込んでいた願望を満たすことができました。

けれど、正直この義父とのセックスを最後の思い出にして、結婚生活にピリオドを打つつもりでした。ところが翌朝、なんともぎこちない朝食を二人でとっていると、義父が不意にこんなことを私に言うのです。

「……今日も息子は出張で帰ってこないんだったね」

「え、ええ」

「そうか……なら今夜はもう少し早い時間に始めないか。睡眠不足は朝にこたえるよ」

そうです、義父は今夜も私とセックスすると言ってくれたのです。私は天にも昇る心地で夕方を待ちました。そしていつもどおり定時に帰宅した義父と食事を終えると、一緒にお風呂に入ろうと誘われたのです。

「そりゃあ驚いたよ。なんたって息子の嫁が素っ裸で布団の中にいるんだからね。でも、私もまあ男だしね。それに……昨夜のキミはステキだったよ」

お風呂場で体を洗いっこしながら、そんなことを言われた私は昨夜の自分の乱れぶりを思い出して赤面しました。義父は泡まみれの手で私をさんざん愛撫し……私は昨夜の記憶を甦《よみがえ》らせつつ、彼の腕の中でまた甘い声を上げて悶えさせられました。

「あ、あぁ……っ、お義父さま、私もう……お願い、これ……」

石鹸のぬめりよりもたっぷりと蜜液を滴《したた》らせた私は、義父の指いじりに翻弄されました。今すぐここで義父のおチ〇チンを入れて欲しかったのですが、義父はすぐにはそれをくれませんでした。

「この年で一晩に二回はきついよ。お風呂から上がってから、たっぷりとしてあげるからね」

その代わりに、と私は義父の指を二本も入れられ、グジュグジュにアソコを掻き回され、泣きながらイッてしまったのです。

そしてお風呂から上がると、約束どおり義父は寝間着の上だけ羽織ってソファに座りました。私は全裸姿のままお尻を突き出すように言われ、軽く足を開くと早速指いじりの再開です。さっきの余韻が残っているのですぐに気持ちよくなり、私は恨めしそうに義父のほうを振り向きました。

「これ以上、焦《じ》らしちゃいや……」

そこでようやく義父は私の腰を抱き寄せ、そのままバックでおチ○チンをねじ込んできました。ねじ込んで、というか、私のアソコはもうヌルヌルだったので、吸い込まれるように入ってしまいましたけど。

「あぁーん……今日は前のほうをこすられてるぅ……はぁうん、こんなの、すぐにまたイッちゃうよぉー」

そう言っているのに、義父は背後から手を伸ばしてきて私の乳首やクリトリスをいじくっては、なるべくピストンせずに私をもう一度イカせようとするのです。

と、そのとき、いきなり電話がかかってきて私は心臓が止まりそうになりました。ちょうど手の届く位置にいた義父が、私と繋《つな》がったまま電話に出ると、なんと相手は出張先の夫でした。

「ああ、お前か。久美さんならいま風呂に入ってるよ。ああ、別に変わったことはない」

私はすぐに電話を切ってくれると思っていたのですが、義父は私のほうを見てニヤニヤしながら、「ところで話は変わるけどな……」などと夫と世間話を始めるのです。

しかもしっかり私の腰を抱きかかえたまま、ユサユサと腰を突き上げてピストン運動を始めるのです。思わず喘ぎ声が洩《も》れそうになって、私は指を強く嚙《か》んで堪えました。なのに義父は電話を切ろうともせず、私が足腰たたなくなって崩れ落ちるまで、夫と話しながら私を犯していたのでした……。

もちろん、その日からずっと、私は夫の目を盗んでは義父の元に忍んでいき、彼に抱かれ続けています。夫への罪悪感はありますが、私にとってはこの幸せのほうがはるかに大切なのです……。

酔った勢いで口説いてしまった女性上司に言質をとられたボクはラブホへと連れられて

○梅田和哉（仮名）派遣社員・二十五歳

四年生大学を卒業し、派遣社員として製菓会社で働き始めて三年がたちます。

ボクが入社した当時はバブル崩壊後で急激に新卒の採用が減ったこともあり、どうしても就職したかったボクは派遣社員という形をとりました。地元でもわりと有名な会社で、毎年安定した業績を保っています。そのおかげでボクのような派遣社員もそこそこの給料を保証されています。

しかし、そういいことばかりではありません。立場は正社員よりも弱いし、リストラの場合は真っ先にクビを切られるのはボクたちです。それにどうしてもアルバイトのように見られがちで、露骨に見下すような人もいます。

何より悩みの種だったのが、新しく現場の担当主任になった高木《たかぎ》さんでした。高木さんはボクよりも十歳以上年上の女性です。職場の配置転換で四カ月ほど前から高木さんの下につき、それからボクは何度も叱られてきました。

ただ仕事に厳しいだけでなく、その口調が意地悪で容赦がないのです。ちょっとしたミスでも呼び出されて口うるさく責められ、

「本当にもう、そんな仕事しかできないんだったら辞めたら？　こっちはちっとも困らないんだからね」

と、こんな調子でイヤミまで言われても、言いわけも許されずひたすら頭を下げるだけ。この高木さんこそが、正社員よりも派遣社員を下に見る典型のような女性でした。ボクたち派遣社員にとってまさに天敵ともいえる存在です。

おかげで高木さんの下で働き始めてからストレスばかりが溜まっていきました。かといって転職というわけにもいきません。

その高木さんも、イヤミなところを除けばけっして悪い女性ではありません。見た目も悪くないし、ボクにとってはやや年上でも、熟女のフェロモンがプンプン漂っていて、三十六歳にしてはそそる体つきをしています。

うわさではまだ独身らしく、そのことを口にするのは職場ではタブーになって

います。よほど性格がキツいから男ができないのだろうとか、婚期を逃して仕事しか楽しみがないに違いないとか、日ごろからいろいろ言われていました。そんな彼女とお近づきになりたいと考える男性社員は、少なくともボクのまわりにはいませんでした。

ところが先日、会社の慰労会が開かれたときのことです。いつもボクは深酒をすることはないのですが、この日は、ストレスのせいからか、かなりの量を飲んでいました。

酔っぱらってくると、ボクはいつのまにか高木さんの隣にいました。職場では近寄りがたいものの、無礼講のつもりでお酒を酌み交わしているうちに、酔った勢いで高木さんを口説き始めてしまっていたのです。しかもいくらあしらわれても、しつこく絡んでしまっていたのです。

「ちょっと、あなた酔ってるの？　いい加減にしないと怒るわよ」

「いいじゃないですか。どうせ男なんていないんでしょ？　だったら一度でいいからボクと寝てくださいよ。楽しませてやりますから」

高木さんがものすごい形相でボクを睨《にら》んでいることに気づき、ようやくボクもしまったと素に戻りました。一瞬で酔いが醒《さ》めるとはまさにあのことで、まわりからも冷たい視線で見られていました。

それから店を出るまで、高木さんはボクと口を利いてくれませんでした。近寄りがたい雰囲気で謝ることもできず、結局は何も言い出せないまま慰労会はお開きになりました。

これは明日顔を会わせたときに何を言われるかわからないぞと、暗い気持ちで店を出たときでした。それぞれ二次会や帰宅しようとするなかで、高木さんがボクに声をかけてきたのです。

「ちょっと二人きりで話がしたいの。つきあってちょうだい」

有無を言わさない口調に、これは明日どころか早くもネチネチ叱られるなと、ボクは覚悟を決めました。ところがつきあわされたのはタクシー乗り場で、なんと行き先にラブホテルを告げられたのです。

「あなた、さっき言ったこと忘れたんじゃないでしょうね。私と寝たいって言ったでしょ。まさか冗談だったとか言わないわよね」

「いえ、そうじゃないですけど……」

呆気《あっけ》にとられていたボクは、言われるままタクシーの後部座席で高木さんの隣に座り、ラブホテルへ向かいました。

ホテルに着くと、さっさと高木さんはボクを引き連れて部屋に入りました。

部屋にはもちろんベッドがあり、壁の大きな鏡がボクたちの姿を映し出しています。こうして高木さんと二人きりでラブホテルの部屋にいることが、自分の目に映っているとはいえ、まだどこか信じられませんでした。

「なにしてるの。ぼーっと突っ立ってないで、早く私の服を脱がせなさい」

ボクは慌てて「は、はい」と返事をすると、高木さんの背後に立ってジャケットを脱がせてあげました。

下には薄い色のブラウスを着込み、体のラインがくっきりと浮かび上がっています。それらを次々と脱がせていくたびに、露《あらわ》になってくる高木さんの体に心臓がドキドキしてきました。

最後に残った下着は、上はベージュのブラジャーと下はおそろいのスケスケのショーツです。手を止めて見とれていると、もう一度「さっさとしなさい」と声がかかりました。

背中のホックをはずしたブラジャーの中から、熟れた胸がぽろりとこぼれ落ちてきました。乳首がやや黒ずみ、重さで形が崩れかかっていますが、十分すぎるほどの巨乳でした。

ショーツをするりと足首まで下ろすと、鏡には全裸になった高木さんの姿が映し出されています。

「どう、あなたの目から見て、まだ女として通用する?」

高木さんは鏡の前で自分の裸を眺めながら、ボクに向かってそう聞いてきました。

「そりゃもう、メチャクチャ通用しますよ」

お世辞ではなく、ボクはまじまじと高木さんの体を見つめてそう答えました。全体に脂肪がついた体は、少々太めでもかえってそれがいやらしさにつながっていました。若い女の子のようなピチピチした肌ではなくても、三十代の色気が白い素肌からにじみ出ています。

「ありがとう。最近はちょっとお腹のまわりがキツいんだけどね」

笑顔を見せながら、高木さんはボクの前で腰の肉を気にする仕草をしてみせました。

その姿は、とても職場でのイヤミな高木さんと同一人物とは思えません。ふだんとは全く別の顔をボクに見せてくれています。

「あのとき私が怒ったと思ったでしょ。本当はね、ちょっとうれしかったの。この年になってずっと男の人とはご無沙汰だったから、たとえ酔っぱらってても口説いてくれる若い子がいるんだって」

どうやら高木さん自身も、いまだに独り身であることを気にしているようでした。ついでにプライベートな質問をしてみると、もう五年以上はセックスをしていないとか。前に抱かれたのはうちの会社にいた年配の上司で、不倫関係だったために長続きはしなかったということでした。

職場でボクらから煙たがられていることも、当然のように知っていました。それも私生活でのイライラが募って人に当り散らしていたということで、けっして悪気はなかったと逆に謝られました。

それを聞いて、ボクよりもはるかに年上の高木さんのことが、いつになくかわいらしい女性のように思えてきました。

そのあいだにボクの手は背中から胸を撫《な》で回し、乳首を刺激していました。すると高木さんの声にも、少しずつうっとりとした響きが混ざってきました。

「言っとくけど、今日はあなたが私を誘ったんだから最後まで責任とりなさいよ。長いこと男に飢えてたんだから、ちょっとぐらいじゃ満足しないからね」

そう言うと、いったんボクの手を離れてベッドに上がり、手招きをしました。

そして四つん這《ば》いになり、お尻をボクに向けて高く持ち上げました。

「ほら、早くここを気持ちよくして」

高木さんの股間は小陰唇とクリトリスが大きくせり出していました。茶色がかった亀裂が、恥丘から続く多めの陰毛に覆われていますむっちりとしたお尻の谷間でそこだけがいやらしく強調されていました。

その見てくれと言わんばかりのポーズで声をかけられたボクは、フラフラと顔を近づけました。

間近で見ると、股間がいっそういやらしく花開いてボクを誘っています。甘ずっぱくむせるようなにおいにも包まれ、「ゴクリ」と唾を飲むと、唇ごと亀裂に押しつけました。

「うっ、くぅっ……!」

ビクッと背中が動いたものの、ボクの手は太腿《ふともも》をつかんで放しませんでした。

ワレメの中を舌で探ると、そこにはヌルヌルとした愛液が溢《あふ》れていました。外側に洩《も》れてきていたにおいが、さらにツーンと濃くなります。それも興奮したボクにとっては最高にそそるにおいでした。

長いことセックスに飢えていたというだけあって、舌を動かし始めると敏感すぎるほどの反応で体を悶《もだ》えさせていました。突き出したお尻をボクに向けてモジモジと揺らしながら、ベッドの上で喘《あえ》ぎ続けます。

顔を埋《うず》めたすぐ目の前では、肛門がヒクヒクとふるえていました。そのいやらしい眺めに、ボクはさらに舌の動きを激しくさせました。

「もっと……もっと強く吸って」

と、喘ぎ声しか出していなかった高木さんから声がかかりました。

おそらくここの部分だろうと、舌で転がしていたクリトリスを唇で挟んで強く吸い上げると、豆粒のようだったものがみるみる充血してきました。ペニスと同じように勃起すると知ってはいたものの、倍以上の大きさに尖《とが》るのを目にしたのは初めてです。

さらに舌と唇で刺激を送っていると、伸びてきた手がクリトリスを剝《む》き上げました。

「ここ、嚙《か》んで。強くでいいから」

「いいんですか?」

思わずそう聞き返してしまったものの、本当に歯で嚙んでほしいと言われました。

ボクは恐る恐る、かなり手加減をしてクリトリスに歯を当てました。

「うっ、あぁっ……もっと強く引っぱって！　お願いっ」

その声で、もう一度噛んでみます。今度はやや強めに引っぱり、さらに口の中で先端に舌を走らせました。

ちょっとやそっとの刺激ではもの足りないらしく、高木さんは強く噛まれるほど喘ぎ声を大きくさせました。

歯でクリトリスを責めながら、同時に指を膣の中にもぐり込ませました。根元まで押し込んだ指を回転させていると、内部が締めつけてきます。愛液がますます溢れ、ワレメをドロドロに濡らしていました。

いつしかボクは高木さんの股間を責めることに夢中になっていました。

ただ淫乱なだけでなく、かなりのMだということもわかってきました。痛みと快感の両方を味わうことで満足できる体なのでしょう。長いこと欲求不満だったことも、それに拍車をかけているに違いありません。

すると何の前触れもなく四つん這いの体がブルッとふるえ、ベッドの上に崩れ落ちてしまいました。

クリトリスが真っ赤に尖ったまま、うっすらと歯型が残っていました。指を引き抜くと、まだ膣がヒクヒクとふるえています。

「ああ……久しぶりだからすごく感じちゃった。まだ体がジンジンしてる」

こっちをふり返った高木さんの顔は、さらに色っぽく赤みが差していました。

そのままノロノロと体を起こすと、ベッドから降りてボクの前に正座をしました。股間を見上げる視線で何を求められているか察し、ボクも裸になってペニスを顔の前に差し出しました。

ビンビンに勃起したペニスを、高木さんは目を輝かせながらしげしげと眺めています。顔を近づけるだけでなく、亀頭のにおいも嗅いでいました。

「いいにおい……おいしそう」

と、つぶやくと、ペニスの先を濡れた唇の中にすっぽりと咥《くわ》え込みました。

やわらかく滑らかな粘膜がボクを包み込みました。温かい唾液がジュクジュクとわき出し、その海の中に浸されているようでした。

ため息ものの気持ちよさに、ますますペニスが硬くなってきます。立ったまま見下ろす姿勢でボクは快感を味わいました。

「うんっ、うんっ、ンンッ……ンッ、ンフッ」

ペニスを咥えた高木さんは目を閉じて顔を前後に動かします。唇の奥にペニスが出たり入ったりするたびに、鼻にかかった喘ぎ声を聞かせてくれました。

あの高木さんがこんなに色っぽくペニスをほおばってくれるなんて、ホテルに入るほんの数時間前には考えられなかったことです。おまけにフェラチオも絶品とくれば、言うことはありませんでした。

だまってしゃぶってもらっていてもよかったのですが、こういうことも好きかと思い乱暴にペニスを抜き差ししてみました。喉《のど》の奥にペニスがつっかえるまで押し込むと、口の中からむせそうな声が洩れてきます。

高木さんは上目遣いにボクを睨みつけるものの、咥えたものを吐き出そうとはしませんでした。それどころか反撃するかのように、さらに自分からすばやくペニスを出し入れさせました。

あまりに吸い上げる力が強すぎて、このままだと口の中に射精してしまいそうです。そのことを高木さんはわかっているのかいないのか、いつまでもペニスから口を離そうとしません。

我慢できなくなり、いっそこのまま出してしまおうかと思った矢先でした。

「んはぁっ……！」

呼吸が詰まったような声で高木さんがペニスを吐き出すと、よだれがダラダラとあごに伝っていました。

幸いペニスはそそり立ったまま発射はしていません。そこへまだ咥え足りないと言いたげに、伸びてきた舌が上から下へとくすぐり始めました。こそばゆい刺激にペニスが勢いよく反応し、それを見て妖しげに微笑んでいました。

「ねぇ、ハメたいって言って。私のおま○こにハメたいって」

と、ペニスの下から見上げられながらおねだりをされたボクは、言われたとおりの言葉を口にしました。

それを聞いた高木さんは、最初にボクに舐《な》めてもらったときと同じポーズでお尻を向けてきました。

「お願い、無理やり入れてみて。力ずくで犯すみたいに」

とくにコンドームを使うよう言わないということは、このまま生でハメてもいいということなのでしょう。正直なところ、一回りも年上の女性に生で挿入するのはちょっと怖いものがありました。が、ここでためらっているわけにはいきません。

覚悟を決めたボクは、高木さんが望んだように力強くペニスの先をいっきに押し込んでやりました。

「ああっ！」

奥まで突き入れた瞬間に、白い背中が大きくのけ反りました。

熱い膣肉が、ペニスにまつわりつくように締めつけてきました。締まりの強さはそこそこあるものの、さすがに年齢からくる衰えなのか若い女の子のようなキツさは感じません。ただ奥までやわらかくピストンをするには好都合でした。

ボクはお尻を両手でつかみ、勢いよく腰を突き上げました。グイッと最初のひと突きが深々と刺さると、強く奥に当たるのを感じました。

「いやいやっ、いやぁっ！　そんなに深くハメないで！」

ボクが深くペニスで貫くたびに、高木さんは悲鳴に近い声で叫びます。

もっとも、それが演技だということはわかっていました。力ずくで犯されたい願望が強いというだけに、きっと心の中ではボクに無理やり犯されている気分に浸っているのでしょう。ボクのほうは、そんなことなどおかまいなしに乱暴に抉《えぐ》ることができました。

さらに見下ろしたすぐ先には、たっぷり脂肪の乗ったお尻があります。もう少し楽しませてやれと思い、貫いたままパチンと手で叩いてやりました。

「ほら、もう一発叩いてみましょうか」

「ああ……ぶって。めちゃくちゃに叩いて」

さっきまでいやがっていたはずが、もう快感に呑《の》み込まれてしまったようです。

うっとりとした声につられ、さらに力を込めて手をふり下ろしました。

セックスをしながらのスパンキングは、高木さんを悦ばせるだけでなく、パチンと叩くたびにボクのペニスもキュッと締めつけられて気持ちいいのです。

しかし、高木さんのほうは、じっとしているのが耐えられないと言いたげに、腰が前後に揺れています。

うごめいている膣内は、まるで生き物がペニスを呑み込んでいるかのようです。これほどスケベで貪欲な体は初めてでした。

もう限界が近づいてきたボクは、一気にラストスパートをかけることにしました。激しく腰を動かし、ギリギリまで抜くのを我慢します。

「そろそろイキますよ、いいですか」

と、声をかけて膣外射精をしようとした、そのときでした。

「ダメ、抜かないで！」

その声でボクはペニスを抜くことができなくなりました。すでに快感はピークに達し、爆発する寸前です。

とうとう発射を抑えようにもまにあわず、膣内でドクドクと出してしまいました。

射精する快感に浸りつつ、ヤバいなぁという気持ちが心の中に渦巻いていました。まさか計画妊娠で責任をとらされるんじゃないかと、根が小心なボクは不安になっていました。

たっぷり射精してしまったあとも、高木さんは犬のような格好でシーツに顔を埋めていました。余韻を味わっているのか、ピクリとも動きません。

しかしボクが腰を引こうとすると、顔だけをこちらに向けてこう言いました。

「まだ抜いちゃダメ。中で出すと気持ちよかったでしょ？　私がいいって言うまで、そのままにしておきなさい」

仕事中のような叱責ではないものの、明らかに命令口調です。おかげで萎《な》えかけのペニスを引き抜くこともできず、高木さんの膣内に留《とど》まったままでいるしかありませんでした。

じっとつながっているあいだ、ボクはうつ伏せになった高木さんの背中に覆い被さって胸を愛撫しました。

やわらかくボリュームのある胸を両手で揉《も》んでいると、下から唇が迫ってきました。伸びてくる舌にボクも舌を絡ませ、自然とディープキスへと変化していました。

すると唇を重ね合っているあいだに、膣内でペニスが少しずつ回復してきました。

「ね、言ったでしょ。すぐ硬くなってくるのはわかってたんだから」

ニンマリと笑った高木さんは、もう一度手をついてお尻を突き出してきます。

射精してすぐだけに、まだペニスにはこそばゆさが残っていました。ですがそれもペニスが元どおりの大きさに戻ると気にならなくなり、再び両手で腰を押さえつけて二度目のセックスに突入しました。

今度は一度目のときのように早く終わるわけにいきません。あっけなく射精してしまったことをみっともなく感じていたので、より気合を入れて突いてやりました。

「いいっ、おま○この奥に当たってる、もっときてっ！」

高木さんは次々とスケベな言葉を吐きながら、さらに大きなよがり声をあげます。両手はシーツをつかみ、背中にいるボクに向かってしきりにイカせてとせがんできました。

しかしイカせるほどの余裕はなく、それどころか、一発目の精液ですべりがよくなり、ピストンが激しくなったために、実は二度目もそれほど長くもちそうにないと感じていました。いくら膣の締まりが緩やかでも、それをカバーするだけの抱き心地のよさが高木さんの体にはあります。まるで精気を吸い尽くされてしまうかのようでした。

「ううっ……！」

あっさりとボクは膣内に二発目を発射しました。連続しての発射で膣内は精子でヌルヌルになり、股間からも白いものが溢れてきています。

しかしそれでも高木さんは結合を解くことを許しませんでした。

バックから挿入したままの体勢で、今度はボクが背中から倒れて高木さんが体を起こしました。たちまち反対向きで騎乗位の格好になり、再び回復するとすぐにボクの上で腰が動き始めました。

高木さんがお尻を上下に揺するたびに、中出しした精子がグチョグチョと音を立てながらボクの股間を濡らします。

ここまでボクはかなりスタミナをロスしているのに、高木さんは全くそんな様子はありません。かえって自分が上になって腰を動かすほうが元気そうに見えるほどでした。

「あっ、ああっ！　イクイク、ああんっ！」

一心不乱に腰を振り続ける高木さんの下で、とうとう三度目の射精に達しました。

抜かずの三発を果たしたボクは、さすがに疲れてそれ以上は続ける気力が残っていませんでした。起き上がることさえ億劫《おっくう》になり、ヘトヘトのまましばらくベッドから動けませんでした。

「待っててね。すぐに戻るから」

そう言い残して高木さんはトイレへ向かい、次にまっすぐバスルームの中へ消えてしまいました。聞こえてくるシャワーの音から、きっと精子で汚れた股間を洗っているのだろうと想像しました。

そこへ高木さんがバスルームから戻ってきました。全裸にバスタオルを巻いた姿でボクの隣に腰を下ろすと、再び股間にむしゃぶりつこうとしました。

「もうムリですよ。三回も出したんですから」

「いいから私に任せて」

正直、いくら男に飢えているとはいえ、もう勘弁してほしいところでした。しかしねっとりとした唇でしゃぶられていると、意志とは関係なくペニスが勝手に反応してふくらんできます。

股間から顔を上げた高木さんは、バスタオルをはずしてさっきと同じポーズでお尻をボクに向けました。

「今度はこっちでお願い」

と、指されたのはなんとお尻の穴でした。

ためらっているボクに、経験があるから心配はいらないと高木さんは言葉をつなげました。どうやら前に関係を持っていた上司とはさんざんそこで楽しんだらしく、普通のセックスと同じくらい感じるのだそうです。

「だいじょうぶ。ちゃんとお尻の中をきれいにしてシャワーで洗ってきたから。遠慮しないであなたも一度くらい経験しておきなさい」

あらためて差し出された肛門は、とてもペニスを受け入れられるようには見えませんでした。しかしアナルセックスを経験してみたかったのも事実です。前とは違った快感があるというし、どんな締まりなのか興味がありました。

この先アナルで受け入れてくれる人なんてそうはいないだろうと思い、さっきまでゲンナリしていたにも関わらず、ボクは高木さんのお尻にペニスを近づけました。

　亀頭を肛門にあてがうと、意外なほど入口がやわらかいことに気がつきました。これならすぐに入るだろうと、力を入れてさらに突き進めました。

　ところが亀頭が隠れてしまっただけで、さすがに膣のようにはペニス全体を呑み込んでくれません。ボクが悪戦苦闘していると、高木さんの口からも苦しげな声が洩れてきました。

「無理やりでもいいから入れてみて。入りさえすればなんとかなるから」

　その声に後押しされ、さらに力を入れてペニスを中へ押し込みました。

　すっぽりと根元まで入ってしまうと、高木さんは「ひっ！」と小さく叫びました。

　ペニスを咥え込んだ肛門はいまにも裂けそうなほど広がっています。シワも伸びきって、見るからに痛々しげでした。

　しかし苦労して挿入した甲斐《かい》あって締まりは抜群でした。膣内のような繊細な感触はなく、やや硬めの穴の内部がペニスを締めつけてきます。

　膣に挿入したときのような激しいピストン運動はせず、ゆっくりと反応を見ながらペニスを出し入れさせました。

高木さんが痛がっていたのは最初だけで、あとは悲鳴ともよがり声ともつかない艶《つや》めいた声へと変化していきました。

ピストン運動がなめらかになると、ペニスにも快感が高まってきました。初めてのアナルセックスは、想像していたよりもずっと気持ちいいものでした。

すでに三度射精していたことも忘れ、四度目に向けてひたすら腰を動かします。それまでに高木さんは肛門でも絶頂を迎えてしまったようでした。最後にボクが果てるころには、声も枯れ果てたようにシーツの上でグッタリとなっていました。

「ああ……すごかったわ。キミがこんなにセックスが強いなんて、思ってもみなかったわ」

と、会社での評価とは打って変わって、ベッドでは合格点をもらいました。満足した表情の高木さんは、すっかりボクのことを気に入ってくれたようです。

次の日から、会社でのボクと高木さんの接し方はそれまでとは大きく変わりました。前のように当たり散らされることはなくなり、ほかの派遣社員の同僚たちも、いったいどういう心境の変化なんだと首を傾げています。

もちろん数日前の夜に、ボクたちのあいだで何があったのかは誰も知らないはずです。おかげで少なくとも仕事中、ストレスを感じることはなくなりました。

もっとも、その代償と言っていいのか、ボクは体で高木さんを満足させなければならなくなりました。恋人のような関係ではなく、半ば愛人のような関係です。仕事が終わると、あの日の夜のようにセックスに励まなければなりません。

それだけならまだしも、仕事中にも社員に隠れて迫られるようになりました。社内のトイレや人の来ない階段で、声を出さないようにしてセックスの相手をさせられ、さらに夜にもベッドで待っているとあらば、いい加減体がもたなくなってくるのも時間の問題でした。

しかし高木さんは、ボクを手放すつもりはこれっぽっちもないようです。

「あなたのこと、正社員にしてもらえるように上に薦めてもいいわよ」

こんなふうに餌をちらつかされては、そう簡単に関係を断ち切るわけにもいきません。このままズルズルと高木さんのペットになるしか、ボクに道は残されていないのかもしれません。

同窓会で中学生時代の憧れの人と再会し、夫を忘れて彼の腕の中に身を投げ出して

○金井京子（仮名）主婦・三十歳

学生のころからずっと憧れていた男性と、十数年振りに再会する——。

それは私のように地方の町で、いたって平凡な暮らしを続けている主婦には、とてもエキサイティングで心ときめくようなことでした。

ましてそれが大人の恋のように激しく、そして燃え上がるように発展するなんて、まるで映画か小説のヒロインになったような気分でした。

中学を卒業してからというもの、いわゆる公的な、在籍した学校にも働きかけて行うちゃんとした同窓会というものをやったことは一度もありませんでした。

それも卒業生の八割近くが地元や近隣の地方都市で就職を決めて暮らしている

者ばかりで、それぞれに仲のよかったクラスメイトはどこかしこでよく集まっていたからです。

そんな集まりで私たち女性のあいだで必ず話題になるのが、乾《いぬい》君という男性のことでした。

中学生のときは無口でおとなしい感じの少年といったふうだったんですが、おとなしいといっても引っ込み思案というか根暗なイメージ、今で言うオタクといった感じではありません。

一言でいうのならニヒル。十四、十五歳の女子にとったらそんな乾君は、テレビで見た古いフランス映画に出てくる主人公のような感じにも思えました。

当時の女子にとって彼は少し近寄りがたい存在でした。でもみんな彼に興味を持っていて、そしてあんな人とつきあえたらいい、なんて憧れていたものでした。

今、彼は何をしているのだろうか。ひょっとしてまだ独身なのではないか。それとも結婚しているのならどこの誰と、いったいどんな女性と一緒になったのだろうか——。

私たちが集まればそんな話題で持ちきりでした。

そしてついにその乾君と十数年振りの対面ができる運びになったのです。

私を中心にして地元に住んでいるメンバーが中学時代のクラス全員に呼びかけて、ちゃんとした同窓会をやろうということになりました。四十三人いたクラスメイトのうち七人だけが東京や大阪といった都会で暮らしていることがわかりました。もちろん乾君もその中の一人です。そんな七人の所在は実家や学校、それに当時の担任を頼って調べました。

乾君は両親の仕事の都合で生家がすでになく、その所在が知れたのが一番最後でしたが、それでも手紙を書いてぜひこちらに来て欲しいという思いを伝えました。それにどうせなら故郷でゆっくりして欲しいと、宿の手配もこちらでする旨も伝えました。

そうしたところ、『こういった機会でもなければ生まれ故郷へ帰ることはないと思う』という返事をもらったんです。

乾君に会えることを特に心待ちにしていた女性たちはみんなで喜びました。そのなかでも、やはり私が一番喜んだのは言うまでもありません。

わたしのはしゃぐ様子を見た親友には、

「宿の手配も京子《きょうこ》がするんだから、みんなには黙っててあげるから、どうせなら一緒に一泊しちゃえば」

なんて、冗談とも本気とも取れるようなことを言われました。

しかしそれが本当に、それも一泊というか一度だけでなく二度にわたって関係を持ってしまったのです。

それは本当に平凡な日常しか知らない私にとっては、めくるめくような夢の出来事、とても官能的な事件でした。

同窓会は近隣に住んでいてもこられない人もいて、それでも三十七名が顔をそろえました。中学から数えれば実に十五年振りのことです。当時の風貌とそれほど変わっていないもの、所帯じみて実際の年齢よりも老けて見えるもの、みなそれぞれでした。

そして乾君は、それ相応の苦労というか年齢を重ねて見えるのは仕方ないところですが、頭の毛が薄くなってしまったわけでもなく、同世代の男子の中ではすらりとした体型が当時のままでした。

その性格も昔のままで、口数少ないところに渋みも増して、ますますフランス映画の主人公のようでした。和製アラン・ドロンというところでしょうか。

駅前で待ち合わせ、借り切ったバスに乗り、観光地としても賑《にぎ》わう溪谷にある料理屋で飲み食いして歓談。それ以降は駅に戻って各自に散会するなり、二次会用のスナックに行くなり自由でした。

もちろんわたしは宿の手配をした責任もあるので乾君を伴って、ほかのメンバーとともにスナックへ行きました。醒めかけていた酔いをここでさらにまた深く酩酊《めいてい》するように、みんなで歌って乾杯の杯を何度も交わしました。

乾君はカラオケで強制的に女子から指名されて、英語の歌詞のブルースを唄ったんです。ライトの反射が唄う乾君を鮮やかに照らし出して、マイクを握った姿はカッコイイの一言でした。

もう有名なスターを目の前にしているような気分だったんです。それくらい女子は、特に私は憧れていたんです。そんな気持ちをあらためて感じました。体と気持ちが一緒になって心の底で反応しているようでした。

ホテルへ案内したらもうどうなってもいい。それよりもベッドに押し倒されたい。京子、京子と名前を何度も叫んでもらって、めちゃめちゃにして欲しい――と、そんな気分だったんです。

スナックでの二次会もお開きの時間になり、私と乾君はタクシーに乗り込みました。一緒にいた仲間は、私がただ宿まで案内するだけだと思っていたようでした。でもそのとき私はどうにも我慢できないような、体の本当に奥底から湧《わ》いてくるような自身の性みたいなものをひしひしと感じていたんです。それをなんとかごまかすためにわざとタクシーでは前の座席に乗ったのです。

ホテルの部屋で二人きりになり、すっかり酔いは醒めてしまったくらいに緊張していました。乾君は私に笑いかけて今日のお礼を言ってくれました。

近況報告では乾君はまだ未婚ということでした。私は思いきって当時の話を持ち出しました。

「私もみんなも女子のほとんどは乾君にすごく憧れてたんだけど、知ってる?」

「なんとなくそんな噂《うわさ》は聞こえていたけどね……」

「乾君、いまつきあってる女性とかいるの? 東京でもけっこうもてるでしょ」

「特別に仲のいい女性っていうのは——まあ、いないね……」

この男性はどうやって性処理をしているのかしら。そんな考えが突然浮かびました。風俗へ行っているようには見えません。だとしたら自分でしているのか!

「こんなこと聞くのは失礼だけど、男の人ってやっぱり我慢できなくなるんでしょ。乾君も風俗へ行ったりするの?」

そう言った途端に彼と目が合いました。へなへなって感じで腰が砕けるように、私、ベッドに座る乾君の中に倒れこんでいったんです。私の視線の先には、乾君の下半身がありました。

彼は私を無言で抱き留めてくれました。彼の足の間に座り込んでしまった私の頭は大腿部にありました。とても下腹部が気になっていました。深く息をすればその匂いがするような気さえしました。

そのとき、乾君に私の情熱が、性的な熱い思いが伝わったように、彼自身が硬くなるのが微《かす》かにわかったんです。

私はそのまま頭をなにげなく繕って、そっと移動しました。彼の勃起を確かめるためです。そしたら乾君は私の髪の毛を撫でるようにして、そして体を起こしてくれたんです。部屋のカギを確かめて、乾君は私にキスしました。

私は彼の股間を夢中でまさぐってました。本当に勃起してる。私がこの乾君のおち〇ちんを大きくさせたんだ。そんな気持ちでいっぱいになってました。

もうシャワーどころではなく、二人で互いに着ているものを剝《は》ぎ取りました。乾君のパンツを下げると勢いのよい、とっても逞《たくま》しいモノが露《あらわ》になったんです。すぐに先端にキスし、そのまま丸呑みするようにのどの奥まで深く入れました。

——私が乾君のペニスを咥えている。確かに咥えてフェラチオしている！

そんな思いを、頭の中で幾度も幾度も唱えつづけました。

しばらく彼を刺激してあげると、ベッドに横になるように彼が促してくれました。彼の目が私を捉えています。

「京子のおま○こを見せてくれ。脚を思いきり開いて、ガバッて熟したおま○こを晒《さら》すんだ！」

その目はそう言っていました。そうだとしか私には思えませんでした。

それで私は夫にもしたことのないような格好で開脚したんです。脚を広げてお尻を持ち上げて、局部を突き出すみたいにしました。

乾君の舌がやってきて私を舐《な》め上げました。あまりの興奮にそのままお尻を持ち上げていることができなくなって、脱力してしまいました。

少しして彼が私に圧《お》し掛かって、挿入してきたんです。

「ああ、乾君、いいよ、いい。とってもいい。私の名前を呼んで！　それで私の中に確かに乾君が入ってるのがわかるように叫んで！」

そんなことを私は思わず口走ったと思います。

「京子、京子！　とってもいいよ。俺のがお前の中にしっかり入ってる！　ほらわかるだろ、ほらわかるだろ。出たり入ったりしてるだろ。すごく絡みついて、いやらしい音もしてる。ぐちゅぐちゅいってる。ほら京子ォ！」

そんな声が私の頭の中を駆け巡ってました。体はいよいよ反応して知らず知らずに自分から彼のモノを、体の中へ中へと押し込むようにしていました。

どれくらいの時間だったのかわかりません。私は彼の腕の中で、彼の分身を自分の体の中に取り込み、宙を漂ってました。

宗教の難しいことはわかりませんが「無」とか「空」とか、まさにそんな言葉がぴったりだったと思います。十五年を隔てて二人の男女が熱く燃えた瞬間でもありました。

そのまま泊まるわけにもいかず、私は最高の瞬間を迎えた後、しばらくしてシャワーを浴びました。

乾君はベッドの中で、過ちを犯してしまったと言っていい私を気遣ってくれたのか、無言のままでした。

シャワー室で私は、自分の体を観察しました。

唇を見ては乾君のペニスを呑みこんだことを確認し、ぬめったままの局部の穴に指を挿し入れて、確かにここに乾君が在ったことを今一度思い出しました。

「明日はチェックアウト前に来るから。おやすみなさい……」

翌日は遠足で行った懐かしい観光名所を案内することを約束していた私は、そう言って部屋を出ました。

その夜は火照った体のせいでなかなか寝つかれませんでした。目を閉じれば乾君の熱く太かったペニスが浮かんで離れません。しかし夢中だったのかはっきりした像は思い出せず、見慣れた夫のモノと大差ないモノとしか記憶できていませんでした。

翌朝、いつもより早く起き、そして入念に体のチェックをしました。

昨日は夜の逢瀬《おうせ》でしたが今日は朝からです。きっと日の高いうちに再び体を求め合う。そう心の中で計算していました。

ホテルに行くと乾君はまだ部屋の中でした。クラス会で集めた残金で一泊分の宿泊費を清算し彼が出てくるのを待ちました。

エレベーターから降りてきた乾君と一瞬目が合い互いに会釈しましたが、それ以上はなんだか恥ずかしい気持ちもあり、口をきくことなく車に乗り込みました。

私が運転する車の助手席に乾君が乗っている。そう思って横目で何度も彼を見ながら中学生のときに遠足で行った山腹の湖に向かいました。

町の中は昔と違ってかなり変わりましたが、このあたりは当時のまま何も変わってません。乾君は湖に近づくと懐かしそうにあたりを見ていました。

「この白樺林を抜けると、たしか展望台があったよね」

彼はそう言ってずんずん歩いてきます。私はその後ろから彼のお尻や肩や、そんなところを見つめながらついていきました。

「あの遠足のとき、そこでカップルを見つけたんだ。隠れて様子を見てたらキスしてさ。そんなの見たの初めてだったから一緒にいた奴らとドキドキしちゃってね。それで横にいた、たしか倉持《くらもち》だったかな、あいつズボンに手を突っ込んでさ。それでなにやらアソコを握っていたのかな。それともひょっとしたら、もっとまずいことしてたのかもしれないな」

彼がそんなことを言うとは思いませんでした。そして私は学生服の乾君がいちゃつくカップルを見ながら、木陰でオナニーしてる姿を思い浮かべたのです。そして口に含んだあの感激が甦《よみがえ》りました。手で握ったあの感触に囚われました。そして私は乾君に近づくと彼の股間に、ズボンの上から手を置いていました。

乾君は驚いていたようですが、私はもうかまわないというか、今の状況など、そこが野外であることなど、まったくどうでもいいことでした。

乾君の局部が見たい。指先で愛撫を施し、悦ぶ彼を確かめて、そして口の奥深くに呑み込みたい。ただそれだけだったんです。

ジッパーを下げ、指先を挿し入れると彼の分身がむくむくと大きくなるのがわかりました。

「こんなところじゃあまずいよ」

彼はそう言ったようですが、私はペニスを剝き出しにすると、指先で幾度かしごきすぐに口に含みました。

どれくらいのあいだしゃぶっていたのかは記憶にありません。ずりゅずりゅっというような摩擦音が、確かに彼のものを咥えているのだという証《あかし》のように、耳に響いていたのは今でも思い出せます。

出そうになってしまったのか、彼が私を払いのけるまで、そのまま口の中で愛撫を繰り返していました。

このまま林の中で私に挿入してくれるのではないかと期待しました。しかし彼は湖の向こうへ行こうと、そこにあるラブホテルのことを指すように言いました。

三十分もしたころ、私と乾君は互い違いにシャワーを浴びていました。

一人でシャワーを浴びながらもすでに私のアソコは熱く、中からは粘液が溢れているのがわかりました。

「乾君のすべてが見たいの。電気はそのままで、明るくしておいてくれる——」

そう言って灯かりを消そうとする彼を押し留めました。

「今日は私に任せて。乾君に最高によくなってもらいたいから。十五年間の思いを体に感じて欲しいの――」

そんなことを私は言うと、ベッドで横になっている乾君から思いきって布団を取り除きました。

そこに彼の全裸体が露になりました。明るい中に彼のすべてが私の眼前に明らかになったのです。

私もバスローブを脱ぎ捨てると彼の股間に近づきました。彼の両足の間に体を入れて横になったのです。

勃起した彼のペニスを食い入るように見つめました。

あの乾健二《けんじ》の、彼の分身がここにある。尿道から括《くび》れの部分、亀頭の形、玉の皺の具合まで、あらゆるものを記憶に留めるように凝視しました。

そんな私に、彼は目のやり場に困ってしまったのか、視線を外すように天井のほうを向いているようでした。

根元から筋に沿って舐め上げました。幾度も幾度も。指先は優しく亀頭を刺激しました。小刻みに舌先を動かして鈴口から溢れてくるものを指先に付着させて、亀頭を擦りました。そのたびに彼の体はビクッ、ビクッと大きく震えていました。私の愛撫で、この金井《かない》京子の舌と指先で、乾健二が気持ちよくって体を震わせているのだ。そんな満足感でいっぱいでした。

そして私はこのペニスから精液が溢れる瞬間が見たくなりました。下半身を使わずに私が主導して射精させる。そうしたかったのです。

咥え込むと左右に頭を揺らしながら抜き差しを繰り返しました。夫はこれを喜んで、よく射精まで導いたものです。

しかし乾君はそれほど感じなかったのか射精へ向かうような雰囲気ではありません。そこで私は亀頭の部分を唇を引き抜くように刺激しながら、右手で根元のあたりを懸命にしごきました。

「精子出るとき言って。見たいから！」

そう言いたかったのですが、そんなことを口走ったらどう思われるかと、とても言えませんでした。しかし私はその瞬間見たさに、今考えればとても恥ずかしい行為をしてしまいました。

しばらく刺激しつづけても、乾君が射精する様子は私には伝わらないのです。

それでもっと刺激的なことをしなくてはと咄嗟《とっさ》に思いついたのが、あの部分を刺激することでした。何かの雑誌で読んだことがあったのです。肛門に指を入れて刺激すると途端に射精するとかそんなことを。

空いた左の指先を唾液で湿らせると、そっとその部分に添えました。しかしこれくらいの潤滑油では痛いのではないだろうか。それに穴の位置がはっきりとわからない。そう思いました。

それで私は思いきって彼の下半身を少し持ち上げるようにしたんです。肛門が私の目に露になるようにと。彼はきっと驚いていたでしょうけど、そんなこと構ってられません。

いったん口をペニスから離すと目の前に乾君のお尻の穴がありました。私は舌先に多量の唾液を載せて、穴の部分へ付着させるように、ゆっくりとべろりと舐めました。

そして再び咥えるのと同時に、指先を彼の肛門に押しこんだのです。

呻《うめ》くような声が聞こえました。しかし私は夢中で舌を転がし、指先を上下に激しく動かしていました。左の指先は少しでも奥へ入れようと、力を入れて押し込んでいました。

そしてすぐに彼の唸《うな》るような声が聞こえてきたんです。

（精子が出る。乾君が射精する！）

そう思い、口だけを離し、手は上下動の範囲を大きくして、括れの部分にまで達するように、ごしごしと動かし続けました。

心持ちペニスが太くなったかと思うと、亀頭の先端から白い液体が粒のような塊になって噴き出すのがわかりました。ビュッっと真上に飛んだと思うと私の手に付着しました。生温かくてとても満足でした。

彼の回復を待とうと思ったのですが、少しの間も彼のペニスを手放したくなくて、普通サイズのままでずっと指を添えてました。

それから彼がクンニリングスをしてきたので、シックスナインの形になり再び彼を口に含みました。

互いに舐め合うと、私も彼にお尻の穴を見られているんだ、びちゃびちゃに濡れたアソコを見られているんだと恥ずかしさや興奮でいっぱい。それに彼の中に入った指先は、彼の体内の匂いを漂わせているようでした。

私の執拗な刺激ですぐに彼は回復しました。こんどはこの硬くなったモノを私の中でじっくりと愉しもう。そう思いました。

彼が上になろうとするのを抑えて、私が突き立ったものの上に跨《またが》りました。

ヌルッと進入してくる感じが堪りません。いったん入れたのですがいま一度抜くと、再び進入してくる感触を愉しみながら奥深くへ挿し入れました。

それからはカエルのように開脚した形でズンズンと腰を上下に動かしました。

眼下では私の膣で感じてるのか、彼は苦悶したように顔を歪めています。それが嬉しくって嬉しくって、飛び跳ねるように腰を揺らしつづけました。

目を前に向ければ鏡には上下動する私が映っています。どうせなら乾君自身が私の体内にしっかりと納まっているところを見ながら絶頂を迎えたい。

「起きて向きを変えて。それで鏡に映すように挿入して……」

寝たままの彼を起こし鏡に向かうようにしました。

それで私は合体したその部分がはっきりと確かめられるように、乾君に背を向けて挿入しました。

「ああ、乾君のペニスが入ってる、でしょう乾君？　京子にしっかり突き刺さっているでしょう？　言って、そうはっきりわかるように。大きな声で言って！」

「入ってるよ。京子のおま○こに俺のち○ちんがしっかり奥深くまで入ってるよ。ほら、動くとわかるだろ。出たり入ったりしてる」

大きな声で私は破廉恥な言葉を叫び、脳裏には乾君のやはりとてもイヤらしい言葉が飛び交っていました。

「中に出してッ。乾君のを。乾君の精液を中にいっぱい出してよっ!」

ただただ乾君のすべてが欲しくて、あの勢いよく飛び出した精液を私の体の中に受けとめたくて、夢中で腰を打ちつけました。

「ああっ、もうだめっ。ああ、乾君もっと突いて突いて。死ぬほど突いて!」

いよいよ絶頂が近づいてきて声を荒げて叫びました。そして膣の中に噴き上げる乾君をしっかり受けとめようと、薄れる自意識の中で感覚を研ぎ澄ませて待っていました。

「はあっ、イクッ。イッて、乾君もイッて! 思い切り噴射してよっ!」

ピンとすべての筋肉が張ったような感じに体が勝手に反応しました。そしたら下から手が私のお尻を持ち上げるように押したんです。

あっと思った瞬間、私は乾君から外れてベッドにつんのめってました。何が起こったのかわかりませんでした。そしてお尻や腿に生温かい液体が掛かるのを感じました。

私はそんな熱を感じながら、ぐったりとそのままお尻を持ち上げた格好で横たわっていました。

もしものことを考えて乾君がそうしてくれたんだ。そう受けとめていました。

それから彼が立ち上がる気配がしました。トイレに立ったようでした。私もすぐに起き上がり彼を追いかけました。小便する彼の姿が見たかったのです。ドアをあけると彼はギョッとしてましたが私は我慢できなくてとごまかして、彼のする様子を見てました。彼は途中で止めることもできず私をトイレから出すこともなくそのまま続けていました。バツが悪いというか恥ずかしそうな感じでした。

それはとっても感動的で、生涯目に焼きつけておきたい光景でした。クラス会の二日間は私には最良の日になったのです。その日私は小説のヒロインでした。

それから私はあの日の思いと感動を伝えたくて、手紙を幾度か出したのですが、返事は今のところまだありません。きっとあのトイレで見せた顔のように、乾君は私の熱い思いにはにかんでいるのだと思います。

そしてまた近いうちにクラス会を催したいと思っています。

屋外で露出する刺激がヤミツキになり電車の中で高まった快感とともに……

○小柳涼子（仮名）ＯＬ・三十五歳

すごく恥ずかしい話なんですけど、私、オナニーが大好きなんです。

セックスよりも断然オナニー派。

だってセックスって、男の人のテクニック次第で気持ちよかったりそうでもなかったりするし、相手にも気を遣わなきゃならないし……。もう少しでイケるってときに相手に先にイカれちゃったり、たいして気持ちよくないのに彼のためにイッたふりをしてる女性って多いと思うんですよ。

でも、オナニーだと自分のペースで好きなときにイケるし、気を遣う必要もないし、なにより「したいなぁ」って思ったときにすぐできるのがいちばんの魅力です。

私の好きなオナニーのやり方は、レディースコミックを読みながら。

コミックを読んで、主人公を自分と気になる男性に置き換えて妄想しちゃうんです。レディコミって、ふだんの生活じゃなかなか経験できないシチュエーションや過激なセックスがいっぱいでしょ？　そんなお話を読んでると、「もし自分がこの立場だったら……」なんて想像がふくらんで、ついアソコに手が伸びちゃうんです。

コミックを読んではオナニーして、イッてはまたコミックを読んで。私って性欲が人より強いのかしら？　なんて不安になっちゃうくらい。でも、男がほしいわけじゃなくって、やっぱりオナニーがイイんです。性欲が強いっていうより快感に弱いっていうか。最初は指で何度も何度もイッて、指が疲れてくるとピンクローターを使ってまたオナニー。本当は、指でやるほうが好きなんです。ピンクローターだと気持ちよすぎてすぐにイッちゃうんだけれど、妄想で興奮する情緒がないの。指でゆっくりとクリトリスを撫《な》で回すソフトな刺激が好きなんです。

それともう一つ、私がオナニーが好きな理由があります。

私、最近思うんですけど、ちょっとMっ気があるみたいなんです。ちょっとS

Mチックに女性が責められるストーリーを読んでると、自分もそういうふうに責められたくって、興奮にオマ〇コがうずいて、いても立ってもいられなくなっちゃうんです。でも、実際のSMプレイとなると、やっぱりちょっと怖いし、彼氏にそんなコト言うのも恥ずかしいし……。なかなか実現するチャンスもないんです。だから、やっぱり手軽に自分だけでできるオナニーに走っちゃう感じ。

先日も、いつもよく読んでるレディコミ誌に、『超刺激的だった私の露出体験』っていう特集記事があったんです。それを読むと、私、もうムラムラして我慢できなくなっちゃって、せっかくの日曜日の午後だって言うのに、ずーっとオナニーしまくっちゃいました。

それは読者投稿の文章だったり、それを基にしたコミックだったりしたんですけど、不倫相手の年上の男性に、公園や人通りの多い商店街で露出させられた〇Lさんの話とか、出会い系で知り合った男の人に駅で露出させられアソコを弄《いじく》り回されてイッちゃった人妻の話とか、ほかにもいっぱい投稿が載ってたんです。そんな記事を読んで「もしそれが私だったら……」なんて思うと、自分でも恥ずかしいくらいオマ〇コが濡れてくるのがわかります。膣の奥のほうからつつーっと雫《しずく》が流れてくる感じ。

私は、思わずパンツの中に手を差し込んで、あふれてくる愛液を指先に絡めてクリトリスを優しく撫で回してしまうんです。

たくさんの人が行き交う街角で、人の視線にさらされながら露出するなんて、怖くていやらしくて、想像しただけでアソコが熱く潤んできます。誰とも知らない人たちの好奇の視線を浴びながら、私は服を脱ぎ捨てて裸になるんです。男の人たちの粘りつくような視線が濡れ濡れになったオマ○コに突き刺さり、たくさんの目で犯されながら、私はエッチな言葉で責められ、ご主人様の指でアソコを弄り回されて、大勢の人に見られながらイッちゃう……。

そんな妄想をふくらませながら、私は自分でクリトリスを嬲《なぶ》り、アソコに指を埋《うず》めて、いつも以上に激しく出し入れしてしまったんです。

いままでになかったほどの興奮と快感でした。オマ○コが蕩《とろ》けちゃうような気持ちよさが、しびれるような感覚で長く続くんです。もちろん、いつも読んでるマンガでもSMチックな責めのシーンで感じてましたが、でもそれは絵空事。それにくらべてあの記事は私と同じ立場の読者からの投稿です。「本当にこんな過激なことをしてる人がいるんだ！」という思いは、自分にもすごく身近に感じられて、一つ一つのプレイが現実味を帯びて妄想以上の興奮を呼び起こしてくれました。

いやらしく責められるのがこんなに気持ちいいなんて……。いままでは、私ってちょっとMっぽいかな?——くらいに思う程度でしたが、あの日のオナニーは自分のM性を確信させてくれたんです。

そして、私はついに決心しました。私も、実際に露出を体験してみようと。

とは言っても、いきなり最初から人通りの多い場所で裸体をさらすなんてできそうもありません。また、投稿にあった人妻のように出会い系で男性をさがすのも不安ですし、もちろんご主人様なんていません。私は、自分一人だけでできる露出をすることにしたのでした。

その日の朝、会社に行くときに厚手のコートを着込んだ私は、その下はなるべく薄着で、脱ぎやすい服を選びました。会社の帰り道、駅の近くにある公園で、生まれて初めての露出プレイをしようと心に決めたのです。

その日は、もう昼間から計画している露出のことで頭がいっぱいで、仕事なんか手につきません。想像するだけで、ジーンとアソコが熱くなって濡れてくるのがわかります。トイレに駆け込んで確かめると、パンツにねっとりとしたシミができていて、それを見てまた興奮してしまうんです。本当は、何度会社のトイレでオナニーしちゃおうかと思ったかしれません。でも、そこはじっと我慢して、楽しみは夜までとっておくことにしました。パンツは、替えを持ってなかったから、しょうがなくナプキンを敷いて、またそのパンツをはきました。

そしていよいよ待ちに待った夕方。二時間ほどの残業を終えると、もう七時すぎでした。私はタイムカードを押し、コートを羽織ってトイレに入ります。愛液が乾いてゴワゴワになったパンツを脱いでカバンの奥に押し込むと、私は何食わぬ顔でトイレを出ました。それだけでドキドキしちゃって、恥ずかしい快感に体がふるえます。

帰りの電車の中では、もう大変でした。なんといってもノーパンで外を歩くなんて初めてですから。もちろん、スカートはいてますし、上にコートだって着ているので、誰も私がノーパンだなんて気づくはずはないんだけど……。理屈じゃわかっていても、体はしっかり反応しちゃってるんです。アソコの奥のほうからつつつーっと流れる感触が、会社を出た途端に感じられました。

（やだ、私もう濡れてる……）

そう思うと、自分のスケベさが恥ずかしくなって、一人で赤面しながら足早に駅に向かいました。でも、そのあとすぐ、つつつーなんて序の口だったって思い知ったんです。

会社帰りのサラリーマンでごった返す電車に揺られていると、オマ○コの奥ではあとからあとから熱いジュースがわき出してくるのを感じるんです。そして、混んだ電車が揺れて隣に立った男性と体がふれ合うたびに、ピクンっと体がふるえ、声を上げそうになっちゃうんです。そのうちに、こんこんとわき出すジュースは泉からあふれ出して、内腿《うちもも》を伝うまでになりました。

よく、レディコミに、内股《うちまた》を濡らすまでにジュースをあふれさせている、というシーンがあるんだけど、そんなのはマンガ特有の大袈裟な表現だって思ってたんです。でも、本当にそうなっちゃうんですね。まさか、自分が愛液で内腿をベタベタにするなんて、思ってもみませんでした。

自意識過剰だとは思いますが、ほかの男性客の視線が気になって仕方ありません。私は、もじもじしながら降りる駅を待ちました。

時間にして二十分ほどでしょうか、そんな恥ずかしい興奮に半分とまどい、半分は楽しんで味わいながら、帰りの電車の中を過ごしたんです。

新鮮な興奮に、オマ○コがジンジンとうずき、もしあそこで誰かにナンパでもされていたら、一も二もなくついていってその人に抱かれたかもしれません。

そうこうしているうちに、私の降りる駅に着きました。

私は、これからしようとしていることへの興奮で胸を高鳴らせ、たくさんの人々に混じって駅を出ます。

目指す公園は、駅からほんの一分ほど歩いたところにある、通りに面した小さな公園ですが、通りから路地に向かう近道になっているため、夕方から夜にかけては家路を急ぐサラリーマンがひっきりなしに通るんです。

私はベンチに腰を下ろし、コートの裾から手を入れてスカートをたくし上げました。指先が内腿にふれると、やっぱりそこはあふれ出した愛液でベトベトに濡れています。さらに奥へと指を進めると、オマ○コは信じられないほど濡れそぼり、怖いほど敏感になっていました。軽く撫で上げただけでぶるるるっと体にふるえが走り、指先がクリトリスに当たった途端、思わず「あぁ……」と声を上げてしまったほどです。その声が聞こえたのか、数メートル前を通った男の人が不審気に私を見ながら通り過ぎていきました。そして、それがまた新たな快感を呼ぶのです。

指先で愛液をすくう必要もないほど、すでにヌルヌルになっているクリトリスをかるーく撫でさすってやると、しびれるような感覚が腰から全身に広がります。

私はゆっくりと、そしてだんだん速く指を動かし始めました。

普通の、家でやるオナニーでは考えられないくらいの気持ちよさに、どうしても腰が動きだしてしまいます。ふと周りを見ると、たくさんのサラリーマンや私と同年代のOLが急ぎ足で公園を横切っています。そんな中で、私は自分の濡れ濡れになったオマ○コを弄り、クリトリスをこすってオナニーしているんです。

中には、夜の公園で一人ベンチに座っている私を、もの珍しそうに見ながら通り過ぎていく人もいます。私は快感で蕩けそうな表情のままその人を見つめ、見られている喜びに打ちふるえながらさらに激しく指を使いました。

面白いのは女性の反応です。男性は、ベンチに座ってコートの中に手を差し込んでいる私を見ても、お腹が痛くて休んでいるのだろうとでも思うのか、ふつうに私の前を通り過ぎていきます。でも、女性は違うんです。女の人は、私の表情や腰の動きで明らかに淫靡《いんび》なものを感じているのでしょう、冷たい目で私を見ながら、大きく避けるようにして通っていくんです。

私は、そのたびに、「ああっ、あの人は私がオナニーしてることに気づいてる！　私がこんなところで、みんなに見られながら気持ちよくなってることに気づいてる！」と、ますます恥ずかしい快感に酔っちゃうんです。

ものの十分ほどの間に、私は何度も小さな絶頂を迎えていました。初めての興奮に、触ればすぐにイッてしまうほどアソコが敏感になっていて、うそのように立て続けに何度も何度もイッてしまいます。そして、イってもイってもアソコをこすることが止められないんです。よくサルにオナニーを教えると……なんて言いますが、本当にそんな状態。何度気持ちよくなっても、またすぐにもっと気持ちよくなりたくてクリトリスをこすり、アソコに指を入れてかき回しちゃうんです。

そうやって二十分ほども一人でイキまくってたでしょうか、ビクンビクンと痙《けい》攣《れん》を繰り返す私に、三十代半ばで私と同じくらいの年齢の男性が近づいてきました。

「どうしました？　大丈夫ですか」

その人は、私の近くまで来てそう聞いてきました。実は快感によるものなのですが、体をふるわせ、顔を歪《ゆが》め、何度も小さく呻《うめ》いている私が、よほど具合悪そうに見えたのでしょう。彼はわずか一メートルほどの距離にまで近づいてきました。私が顔を上げると、はっきりと目が合いました。

その瞬間、私の体の中で大きな爆発が起きたんです。

「イヤっ、あぁぁぁぁーっ！」

我慢していた声が、たまらずにほとばしり出ます。信じられないほどの気持ちよさに、私はベンチに座ったまま体を丸めて縮こまるようになり、ぶるぶるとふるえました。そして、めくるめくような快感が通り過ぎたあとは、今度は逆に全身が弛緩《しかん》して力が入らないんです。

私はベンチの背もたれにもたれ掛かり、荒い息をついていました。体に力が入らないため、だらしなく両ヒザが開いてしまいます。ぼーっとしたまま男性を見ると、彼は驚いた顔で凍りついたように固まっていました。視線は私の股間に釘づけになっています。

コートの裾がはだけて、アソコが曝《さら》け出され丸見えになっていたんです。そして自分でも恥ずかしいことに、まだ指だけが、まるでそれ自体が意思を持っているかのようにワレメをさすり、クリトリスの上で蠢《うごめ》いていました。

男性は、汚いものでも見るかのような目で私を睨《にら》み、後退《あとずさ》りながら去っていきました。そして、彼の軽蔑の眼差《まなざ》しを見て、また私はイッてしまったんです。

そのあとは、さすがにぐったりと座り込んでいるうちに、火照った体も冷えて寒さが身に染みてきました。私は身繕いを整えて、なんだかすごいことをしちゃったようなドキドキと心地よい満足感に足どりも軽く家に帰りました。

それから一週間が過ぎました。その間にもオナニーはしましたが、なんだかしっくりこないんです。あの公園でのオナニーがよすぎたせいか、あの日のことを思い出すとものすごく興奮はするんだけど、実際にオナニーしても快感がもの足りないんです。

あの日以来、あのトキメキが忘れられず、露出というのではないけれどノーパンで会社に行ってみたり、買い物に出かけてみたりと、密《ひそ》かにエッチなことを楽しむようになりました。そうすると会社に行くのも楽しいんです。後輩の若い女子社員にも、「小柳《こやなぎ》さん、何かイイことでもあったんですか？ なんだかイキイキしてますよ。ひょっとして彼氏ですかぁ？」なんて言われたりして。でも、彼氏なんかより全然楽しくて気持ちいい露出のことは絶対内緒ですけど。

そして、十日ほどがたったころからは、どうしても我慢できずにまた公園でのオナニーをやり始めました。さすがに同じ公園でするのはマズいかなぁと思ったので、家から二つくらい前の駅で降りたり、さらにその手前で降りてみたり……。三日に一度くらいは、会社帰りに公園でオナニーしないと、アソコがうずいてしまうんです。

そんなある日の夜、いつものようにレディコミを読みながらピンクローターを使ってオナニーしていると、急にローターが動かなくってしまったんです。揺ったりしてもウンともスンとも言わなくなったローターを手に、私はまた新たなドキドキを計画しました。

会社を休んで、マイクロミニをはき、ノーパンでローターを買いにいくんです。コートはショート丈のものにして、せっかくのミニを隠さないようにします。真昼間の繁華街を、ミニスカートにノーパンで歩くなんて、考えただけでも胸がときめきます。

そして当日。私は、胸元を強調したタイトなシルエットの薄手のブラウスを、ボタンは上から三つ目まではずして着て、その上に腰までの丈のファーのコートを羽織りました。下は黒いミニスカートと網タイツです。いつもより濃い目の化粧をすると、自分で言うのもなんですが思ったよりもキマりました。

この格好で街を歩くと思うと、さすがに緊張して喉《のど》が乾き、朝から何度も何度もお水やジュースを飲んでいました。それでも私は、ハイヒールをはき、意気揚々と真昼間の繁華街へと出かけたんです。

まずは度胸試しに駅周辺を散歩しました。男の人の視線を痛いほど感じ、またあのつつーっという感触が始まりました。駅に入り階段にさしかかってもバッグでお尻をかばうようなことはせず、そのまま上ります。

電車ではさすがに座りませんでしたが、やはり男性がスカートの裾にチラチラと投げかけてくる視線を感じて、オマ○コは早くも洪水を起こし始めていました。

目的の駅に着くころには、また内腿に雫が伝っていたほどです。私はまずカフェに入ってトイレに駆け込み、ベトベトになった内腿を拭《ぬぐ》いました。狭いトイレの中に、明らかに女のイヤラシイにおいが立ち込め、そのにおいにまた興奮してしまいます。よく拭った私は、いったん店内に戻り、ウエイターを呼ぶと、わざとらしく脚を組み替えながらコーヒーをオーダーしました。

意識して、あえて目線をやるまいとする若い男のコの反応が、かえって刺激的です。だって、私が明らかに男を惹《ひ》きつけているっていう証拠ですから。

私は、店内の男性客がチラチラと私を見る視線を楽しみ、何度も脚を組み替えながらゆっくりとコーヒーを飲みました。

もう、男性の視線を浴びる快感と恥ずかしいドキドキ感なしには生きていけないほどです。

コーヒーを飲み終えると、いよいよアダルトグッズ店に向かいました。

店内にはところ狭しとエッチな商品が並び、スーツを着た中年の男性が二人ほどエッチなコスチュームやバイブなどを見ています。私は、緊張に胸を高鳴らせてその中に入っていきました。

男性客たちは、一瞬もの珍しそうな視線を私に向けて、すぐに目を逸《そ》らしました。私は、その視線だけで早くも感じてしまいます。

（ああ、いま、この人たちは、私のことをものすごくスケベな女だと思ってるんだろうなぁ）

そう思うと、またもアソコからおツユがあふれてきちゃいます。

ゆっくりと店内を回り、ピンクローターを見つけて手にとりました。男性の視線が私を追っているのを感じます。

（きっと、私がコレを使ってオナニーしてるところを想像してるわ）

アソコがムズムズとしてきて、羞恥心と快感がない交ぜになった気持ちよさが広がっていきました。

私は、彼らへのサービスに、ゆっくりとできる限り色っぽく唇を舐《な》め、わざとヒザを開脚したまましゃがみ込んで棚の下のほうを物色します。彼らにスカートの中の濡れ濡れのオマ○コが見えたかどうかはわかりません。でも、確かに熱い視線を感じましたし、ゴクリと生唾を飲む音までが聞こえたような気がします。

私は、またしても内腿がベタベタするのを感じながら、ローターと、極太のバイブも手にしてレジに向かいました。

中身が透けないように幾重にもした無地の紙袋にローターとバイブを入れてもらい、私は男性客たちの突き刺さるような視線を背にお店を出て、先ほどとは別のカフェに入りました。

ウエイターにコーヒーを頼むと、いま買ったばかりの紙袋を持ってトイレに直行しました。もう限界です。アソコがうずいてうずいてしょうがないんです。

私は、イライラともどかしい手つきで、バイブとローターをとり出し、パッケージを引き毟《むし》るように破りました。付属の電池をセットし、すぐさま極太のバイブをオマ○コに突き立てます。

「あっ、あああぁぁぁ……」

熱い吐息とともに歓喜の声が洩《も》れ出てしまいます。私はバイブの快感に身を捩《よじ》りながら、さらにピンクローターをクリトリスに押し当てます。

気持ちいいなんてもんじゃありません。それまでに十二分に興奮していたため、その我慢が一気に解き放たれ、猛烈なスピードで私を快楽の高みへと押し上げてくれます。我慢しても我慢しても、声が出るのを抑えられません。一応鍵はかけてあるとはいえ、カフェのトイレですから大きな声は上げられません。でも、それがまたたまらないんです。

（ダメ、誰かに聞かれちゃう）

そう思うと、聞かれたくないような、でも聞かれたいような不思議な気持ちになって、どんどん高まっていってしまいます。

「イク……、イクぅぅっ！」

頭の中に真っ白な火花が飛び散ります。私は自分の腕を噛《か》んであふれ出てくる声を押し殺し、涎《よだれ》まみれになりながら激しい絶頂を迎えました。

放り投げられるような浮遊感とともに膝から力が抜けて、便座にへたり込んだまましばらく痙攣が収まりません。

しばらくそのまま呆《ほう》けたように座り込んで息を整えてから、グチョグチョになった股間をペーパーで拭い、簡単にお化粧を直してトイレを出ました。

テーブルに戻り、気だるい満足感に少々ぐったりとしながら、ぬるくなったコーヒーを口に運びます。また、男たちの視線を股間に感じながら、私はゆっくりとコーヒーを飲み干し、再び紙袋を持ってトイレに立ちました。

さっきあんなに激しくイッたばかりなのに、男性の視線を感じているうちにまたもよおしてきてしまったんです。やっぱり私は快感に弱いんでしょうか？

私は、今度はちょっと冒険してみたくなり、ピンクローターのスイッチを入れてオマ〇コに近づけました。

「あっ……」

ローターの小刻みな振動がすぐに私を快楽の高みへと誘います。私はローターを中に収め、いちばん気持ちのいい強さに振動を調節して、コントローラーをスカートのウエストに挟み込むと、何食わぬ顔（少なくとも私はそのつもりでした）でトイレを出ました。でも、どうしても歩き方が内股になってしまうし、気持ちいいからだんだん腰が曲がってくるし……。本当は全然何食わぬ顔などではなかったかもしれません。

それでもとりあえずカフェを出て駅に向かい、電車に乗りました。

でも、ここで大きな誤算があったんです。歩いているうちはまだよかったんですが、電車内で立っていると、ローターの動きがもろに感じられて腰からものすごい快感がわき起こってくるんです。そして、問題は、その快感が高まるにつれて、急に尿意をもよおしてきてしまったこと。

朝からがぶがぶと水やジュースを飲み、街に出てからは利尿作用もあるコーヒーを二杯。カフェでトイレには二度も行きましたが、オナニーするのに忙しくておしっこなんてしてませんでした。そのツケがこんなところで回ってきたんです。

私が降りる駅までは電車で二十分ちょっと。あとまるまる二十分もあります。なのにローターは容赦なく体の中で私に快感を送り続け、気持ちよさに腰が動いてしまうのを止められません。でも、それにともなって尿意も増していくんです。

本当に不思議な感覚でした。ものすごく気持ちよくて、でもおしっこを我慢するのがたまらなくツラくて……。十分ほどたったころには、私自身、腰が動いちゃうのは気持ちがいいからなのか、尿意によるものなのかわからなくなっていました。

落ち着きなく腰を振る私を、周りの人たちは怪訝《けげん》そうな顔をして見ています。でもこのとき、私は自分の淫乱さを再認識しました。おしっこがしたくて体がふるえだすほどツラいのに、それでも人の「あの女、ナンだろう?」という冷たい視線に感じてしまうんです。股間は、あとからあとからわき出してくる愛液と冷や汗でグショグショなんてモンじゃありませんでした。なのに、さらにローターがオマ〇コの中からおツユをかき出すようにブルブルと振動し続けているんです。きっと、網タイツをはいていなかったら、雫がヒザのあたりまで流れていたでしょう。

そしてさらに五分が過ぎ、あと駅三つで到着するというときでした。

ついに限界が訪れてしまったんです。

尿意に気をとられてはいましたが、もう三十分近くもローターを入れているんです。徐々に徐々に高まった快感はあるとき急激に高まり始め、はちきれんばかりになっていました。そうなるともう止められません。

（やだ、どうしよう。来る……。来ちゃう！）

そう思った途端、一気に大爆発が起きたんです。

「あぁぁぁぁっ！　イッちゃうぅぅ!!」

怖いくらい強烈な快感に、周りを気にする余裕などありませんでした。私は大声を上げて体を突っ張らせ、エクスタシーに身を任せました。そして次に全身の筋肉が弛緩した瞬間、シャァーッという音とともに、溜めに溜め、我慢に我慢を重ねていたおしっこがほとばしり出ちゃったんです。

「いやぁぁぁぁっ！」

私は、恥ずかしさに絶叫しながらも、体からすべての力が抜けて、自分が放出している大量のおしっこの中にお尻から座り込んでしまったんです。当然スカートは捲《まく》れ上がり、剝《む》き出しの股間からピュウピュウと放物線を描いておしっこが噴出していました。

「いやっ！　見ないでっ。見ないでっ！」

私はそう言って泣きじゃくりながらも、大勢の乗客の前にオマ〇コをさらし、おしっこを垂れ流していました。でも……、その屈辱感や恥ずかしさと言ったら、もう死んでもいいと思うほど快美なもので、私は、電車内におしっこを撒《ま》き散らしながら再びイッてしまったのでした。

どれほどの時間がたったのかは全くわかりません。気がつくと私の周りには誰一人おらず、みんなが遠巻きに、軽蔑の眼差しで私を見ています。私は、電車が停《と》まるとおもむろに立ち上がり、ふらふらと電車を降りたのでした。

あの強烈な経験は、いままでのどんなエクスタシーよりもすばらしいものでした。さすがにアレほどの大それたことはもう一度したいとは思わないけど、あれ以来、普通のオナニーじゃ満足できなくなっちゃってる自分が怖くもあり楽しくもあるんです。

泥酔して帰ってきた姉を触っていたら突然起き上がり、「もっと続けて」と

○柴田和雄（仮名）会社員・二十六歳

高校生の時のことでした。こんなことを書くと恥ずかしいんだけど、ぼくはその夜、六日ぶりにオナニーができるとあって学校から家に帰ってくるなりそわそわしていました。

学校で女子のあいだに『昨日オナニーしたのは誰！』なんて当てるゲームが流行っていて、仲よしの真田《さなだ》君が、女子の餌食《えじき》になってしまいとっても恥ずかしい思いをさせられたことがあったんです。

前日オナニーをしたかどうかなんて外見から絶対に判断できるはずないんだけど、女子から、

「○○君、昨日したでしょ。隠したってわかっちゃうんだから」

なんて、言われるとどうしても顔に出ちゃうんです。誰でも恥ずかしくって顔を赤くしたり、焦ってごまかしたりして、そんな態度で簡単にばれちゃうんです。

そうなると、その日は学校にいるあいだ「どれくらい出たの」とか「何をオカズにしたわけぇ」とか、何でもかんでもきかれてずっとバカにされるんです。

だからぼくはそうならないように、学校が休みの前の日しかオナニーはしないことに決めていたんです。

ぼくの通っていた学校はクラスの七割が女子で、女子の天下です。男子はみんな肩身が狭い思いをしています。昔はそうでもなかったみたいなんだけど五、六年前からそんな雰囲気が出来ちゃったらしく、それからずっとそのままです。

まだ純情な高校生の男子を、エッチなことでからかって遊ぶゲームなんていったい誰が考えたんだろうって思っていたんだけど、それがぼくの姉だと聞かされたときには、愕然《がくぜん》としたものでした。

姉の佳美《よしみ》は六歳年上で一緒に学校に通っていたわけではないけど、何かと噂《うわさ》や伝説めいたものを残していった先輩なんです。

クラスの男子をぜんぶ相手にしちゃったとか、童貞の先生に初体験させてあげたとか、ほとんどがでっちあげのウソだと思うんだけど、姉ならそういう噂を自分で作って、学校で目立つようなことだったらやりかねないと思っていました。

でもその柴田《しばた》佳美がぼくの姉だなんて知っているのは真田君だけで、真田君のお兄さんから当時の姉の話をいろいろと聞かされてたんです。それがぼくの同級生の女子たちに、名前まではっきりわからないんだけど『こんなスゴイ先輩がいた』みたいに語り継がれているんです。

それがもしもぼくの姉だなんてわかったらクラスの女子は、

「うっそぉー、信じられない！」

と、びっくりしちゃうかもしれません。

どうしてって、ぼくと姉とは自分でも驚くほど性格が違うからなんです。ぼくはどちらかというと小心者というのか人見知りだし、姉は何でも積極的で大胆で、何人の男の人とつきあったのかはぜんぜんわからないほどです。

気に入らなくなるとすぐに彼氏を捨てちゃうみたいだし、いっときディスコ通いにハマっていたときはもう『ギャル』って言葉がぴったりでした。

でもまさか、そんな姉の佳美がぼくの初体験の相手になるなんて、これっぽっちも思っていませんでした。

その日、夕食を済ませると久しぶりのオナニーをどんな具合にしようかって、わくわくしていました。

発売されたばかりのグラビア雑誌も使いたいし、レンタルビデオ店で借りてきたアイドルのコンサートを見ながらするのもよさそうだし、でも途中には巨乳のエロビデオも見たいしって、なんだか幸せな気分でとっても満たされてたんです。

でもすぐにはできないんです。親が寝ちゃうまでは。部屋の扉が引き戸なんで鍵をかけることができないんです。つっかえ棒をしても力任せに引っ張れば簡単に開いちゃうし。

姉は週末になると朝まで帰ってこないことが多くって、親も勝手にすればって感じでぜんぜん無関心。

普通だったら、いくら二十歳を過ぎてるからっていっても心配しそうなもんだけど、昔からの姉の性格を知っているんで、もうあきらめていたみたいです。

深夜一時をまわって、ぼくはトイレに行くふりをして両親の部屋に電気がついていないことを確かめると、さっそくオナニーをはじめることにしました。

すぐに出しちゃうとなんだかもったいない気もするんで、雑誌を見たりビデオを見たりしながら、できるだけゆっくりといい気分に浸っていました。

三十分近くもそんな感じだったと思います。そろそろ出そうか、出す瞬間はどうしようか、なんて思っていたら玄関の扉が開く音が聞こえてきたんです。

ぼくは姉が帰ってきたのだと思い、手を止めてジッとしていました。それでいきなり部屋を開けられたら大変だと思い、散らばっていた雑誌やなんかを片づけてビデオを止めました。

そうしたら声がしたんです。ぼくの名前を呼ぶ声が。

「和雄《かずお》、お姉ちゃんを部屋まで運んであげて。すごく酔ってるみたいだから、ベッドまでお願い！」

声に続いて母が入ってくるかと思い、ぼくは慌てて手元のティッシュペーパーを元の位置に戻しました。

でもそれっきりでした。廊下まで出て玄関の姉を確かめた母が、あとはぼくに任せてしまったというわけです。

ぼくはもう少しだった最後の瞬間を、中途半端にされてちょっとムカついて部屋を出ました。

玄関では姉がブーツを片方だけ脱いで横になっていました。

あおむけになってすっごくだらしない格好です。でもすごくセクシーでした。

さっきまで見てた巨乳のＡＶギャルなんかよりも、ずっとエッチでした。

ぼくはドキドキしてくるのを抑えるようにして玄関先に下りました。姉のブーツを脱がせるためです。

玄関へ下りるとパンティは丸見え。ブーツを脱ぎかけで寝ちゃったもんだから股間を開いたままなんです。

そのままジッと見ていたかったんだけど、いつまた母が様子を見にくるかわからないので、ブーツを脱がすことにしました。でもしゃがむと目の前の姉の股間が気になっちゃうんです。手を伸ばせば触れる位置にあるんだから当然です。

それでもブーツのジッパーを下げて、なんとか引っこ抜きました。

引っこ抜いたとこで今度は姉のムチムチした足がとっても気になりました。太ももやふくらはぎが、すごく柔らかそうなんです。

そのときです、

「ひとりで運べる？」

そう声が聞こえたので思わず、

「大丈夫だから、わざわざ起きてこなくていいよ」

慌てて姉を抱き起こしました。

「姉ちゃん、起きなよ。ベッドまで運ぶんだから、少しだけ目を覚ましてよ」

「あっ、和雄ちゃ～ん。悪いね悪いね、せっかくの金曜日の夜なのにね」

姉は気がついて、ぼくを見ながらニタニタ笑っていました。まるでオナニーしていたことがばれてしまったようで、ぼくは恥ずかしくなって思わず視線を逸《そ》らしました。

姉の脇に頭を入れて抱きかかえると、ぼくの顔のすぐ横におっぱいがくるのでたまりませんでした。

引きずって体を動かすたびに、ぽよん、ぽよよんって感じにゆさゆさするんです。こういうのを『美味《おい》しそう』って言うんだろうなって思いました。本当にそんな感じなんです。

二階まで上げるのは一苦労でした。姉はかなり酔っていて足元がふらふらして危なくって。でも、そのおかげで背中を触ったり、お尻も触ったりすることができたんです。

お尻は見かけどおりに柔らかくって、すっごく手に馴染《なじ》んでくる感じでした。どうにか部屋まで連れて行って、ベッドに寝かせました。大の字に手も足もだらしなく広げてて、その姿にすっごく興奮してしまいました。

おっぱいの部分はもうむちゃくちゃ盛り上がって目立っているし、スカートは捲《まく》れちゃってパンティは見えてるし、足はベッドから落っこちちゃってるし。

もうなんでも好きなようにしてくださいって具合なんです。睡眠薬を飲まして無理やり連れてきちゃった女の人が目の前にいるみたいでした。

それからぼくはすぐに玄関まで行くと施錠を確かめて廊下の電気を消して、二階へ戻りました。母に対するパフォーマンスです。姉は部屋へ運んだから大丈夫だというのを知らせておきたかったんです。

部屋に戻るとベッドの上の姉をじっくりと眺めました。

出す寸前でやめたせいか途端にムラムラしてきました。太ももや下着を見ただけで勃起しちゃったんです。

ぼくが部屋にいることに姉が気づいたらなんて言われるかわからないぞ、なんていう心配はもうどこかへ行ってました。このままだらしないけどすっごくセクシーな姉の体を見ながらオナニーしちゃおうと考えました。

それでパンツの中に手を入れて刺激してたんだけど、どんどん我慢できなくなってきたんです。

見てるだけじゃなくって、ちょっとくらいなら触っても大丈夫じゃないかとか、下着の上からでもいいからあそこの匂いとか嗅いでみたい、そんな欲求が次から次に湧《わ》いてくるんです。

ぼくはもうたまらなくなってパンティに顔を近づけました。

それでクンクンと匂いを嗅ぎました。でも特に何にも感じなかったんで、今度はパンティの股のところに鼻をくっつけて同じようにしました。

初めて嗅ぐような香りがありました。汗と何か他のものが混じってる感じ。その他のものがきっとあそこの匂いなんだって思って、ますます興奮してきました。

クリトリスってどのあたりだろうかって、指で形をなぞってみました。

「あっ、う〜ん」

そしたら姉の体が動いたんでびっくりしました。でも起きる気配はぜんぜんありません。それに呼吸すると盛り上がるお腹がスカートに締めつけられてるんで、いっそのこと上着だけでも脱がしていいんじゃないかって気になってきました。

それだったらもしも見つかっても、苦しそうで洋服がシワくちゃになると困ると思ったからってごかませる気がしたんです。

女の人の服を脱がすなんてまったく初めてのことで、緊張してうるさいほど心臓が鳴っているのがわかりました。

ホックの位置を探してジッパーを下ろして、上着は肩から抜くだけだったんだけど姉を抱き起こすとおっぱいがぼくに当たるので最高でした。

むにゅってマンガでよくあるけど、実際にそんな感じなんです。

シャツと下着だけにすると、無性にこのまま姉の体を見たり触ったりしたくてなりません。

ベッドに足を上げて寝かせるようにすると、ぼくは思わずその隣に寝転んでしまいました。セックスするときってこんな感じなんだろなって味わってみたかったんです。

姉の体をすぐ横でじっくり眺めているうちに、ぼくはズボンから取り出して自分で刺激していました。見てるだけじゃもう我慢できなくなっていたんです。

それからおっぱいをツンツン指で押してみたり、グニュってもんだりして楽しみました。

脱がしちゃおうとも思ったんだけど、どうやってブラジャーを脱がしたらいいのかわからなかったし、それよりもやっぱり下半身のほうに関心がありました。

姉のももを広げてその間に寝転がり、股間を眺めました。

下着の上から触ったり、それに舌を伸ばしてツンツン突ついてもみました。

しまいにはベロベロ舐《な》めてました。下着の上からです。そうやって舐めながら自分のを刺激したんです。すっごく興奮して、そのぶんとっても感じてました。ビデオや雑誌を見ながらオナニーしているのとはぜんぜん比べものにならないくらいです。

そのうちどうせなら少しくらい見てもいいんじゃないかって思えてきました。でもパンティを脱がすのはちょっとできそうにもないんで、下着の股のところを引っ張って横にずらしました。

初めて見たなまのおま○こでした。むかし姉と一緒にお風呂に入ったときに見て以来です。

あのときはツルッとしてて一本筋があるだけでなんとも思わなかったんだけど、今はニワトリのトサカみたいに赤くて生ガキみたいな感じに目をみはりました。まさにおま○ことという言葉がぴったりだと思いました。

指で押したらクチャッてしてて、こんなところにアレを入れたらどんなに気持ちがいいんだろうかってゾクゾクしてきました。

それからもっとパンティをずらして、クリトリスってどれだろうかって探したんです。すぐに場所はわかったんだけど、中まで確かめることは上手くできませんでした。

それでも中を開いてみたり、ちょっと飛び出している部分をつまんでみたり、それに舌で何度か触ったりもしました。

そのたびに姉は「う～ん」とか「あ～ん」とか寝言みたいに呻《うめ》くんだけど、目を覚ます気配はぜんぜんありません。それでもぼくは姉が何か言ったり体を動かすたびにビクビクしてベッドから飛び降りてましたが。

もうこうなると姉の体を使って最後の瞬間を迎えるしかありません。

このまま部屋に戻っていつものようにビデオや雑誌でオナニーするなんてことは無理でした。それくらい興奮してどうしようもなかったんです。

姉の寝顔を見ながら唇にくっつけて、自分で刺激しようかと思いました。それよりもおっぱいを出して挟んでやったらどうだろうかって、その様子を想像していました。

でもやっぱりおま○こです。あのクチャッて感じがたまりません。ぼくはそこに押しつけて先の部分を刺激しながら、自分で擦《こす》って最後を迎えようとしました。

姉の股を広げてその間に改めて座ると、すっごくスケベな気分でした。きっと初体験のときはこんな気持ちなんだろうなって思いました。

それで挿入するみたいに下着の上から押しつけたんです。クニュっと姉のその部分がへこむのがわかりました。

下着の上からなのに、このままグイグイ腰を押していったら入っちゃうんじゃないかって思えたほどです。

擦りながら先のほうは下着に押しつけて刺激を繰り返しました。

そのうち直接くっつけてみたくなりました。パンティを引っ張って、おま○こに当てたんです。

自分のから出てきたものでどんどんヌルヌルしてくる感じになってました。こんなに気持ちいいのは初めてのことです。

このままだとすぐにでも出ちゃう。だけど姉のおま○こにかけたりしたら大変だと思い、動かすのをやめました。

そうしたら姉が突然ガバッって起き上がったんです。

「ねぇ、とってもいいから、もっと続けてよ！」

そう言ってぼくの体に手をまわすと引っ張ったんです。

顔がおっぱいに押しつけられました。

「脱ぐから乳首かんで！」

姉はそんなことを言いながらシャツとブラジャーを脱いでます。すぐにふわふわした中華饅頭みたいなおっぱいが現れました。

「かんで、もんで！」

呆然としておっぱいに見惚《みと》れていると、頭を引っ張られておっぱいに押しつけられました。ぼくはもう無我夢中でおっぱいにむしゃぶりついていました。愛撫とかそんな感じじゃないんです。がつがつして、もんだりチュウチュウ吸ったりしていました。

「あっ、あああっ。あああっ」

言われたとおりにしていると、姉が悶《もだ》えるような感じになってたんです。とっても感じてるみたいに声を出してるんです。

「下も同じようにして！　もう火がついちゃったから最後まで責任とってよ!!」

そう言われても最後までの意味が、そのときにはわかりませんでした。とにかく気持ちよくしろ、イカせろ、みたいなことを想像してたんです。

「ほら、舐めて。クリトリスも穴の中も！」

姉がパンティを脱いで股間を突き出してきました。手を股に置いて、おま◯こをガバッて開いているんです。

もうびっくりして見惚れていたら、

「早くしなさいよ！」

そう言って髪の毛を引っ張られました。

ぼくはすぐにおま○こにキスするみたいな感じで舐めました。舌をグイグイ押し込んでやりました。

「あっ。ああっ感じる。とっても感じる。クリトリスもやって、刺激して」

姉がそう言ってクリトリスを見せてくれたんです。さっきはよくわからなかったのに、ぼくはまた呆然とその部分に見入っていました。

プチッて感じで、あんな豆粒みたいなかわいいものだとは思ってもみませんでした。でもそこを触ったら姉の体が途端にビクッて震えたんです。

「はっ、気持ちいいッ！」

ぼくはこんな小さなものを触るだけで、体が痺《しび》れるくらいになっちゃうなんて、とっても驚かされました。

「もっともっとやって。もっと触って！」

言われるとおりに何度も何度も指で触り続けました。

そうしているうちに姉がぼくの腕をつかんでこう言ってきたんです。

「中も刺激して、二本突っ込んでぐちゃぐちゃやって！」

どうしていいものかわからずにいると、姉の手がぼくの指をつかんであそこに挿入するようにしてきたんです。

ぬるぬるしてすっごく刺激的でした。生温かくてこんな場所が人間の体にあるなんて、すっごく不思議でした。

指を入れるとアダルトビデオみたいにクチャクチャ音がするくらいに刺激してやりました。こんなことを繰り返していて、敏感な場所のはずなのに大丈夫だろうかって心配になるくらいにやったんです。

でも姉はもっともっとと自分から腰を突き出して振ってくるんで驚きでした。ぼくと言えばズボンから出しっぱなしのままで、これまでの人生でいちばん硬くしているような状態でした。姉に指を入れながらもう我慢できなくって、片方の手で触っている始末でした。

そしたら姉がびっくりするようなことを言ってくれたんです。

驚いちゃったし、本当にいいのかなって思ったけど、もうそうしないことにはどうしようもないくらい興奮状態でした。

「ち〇ぽ欲しい。和雄のを入れて。もう指なんかじゃダメ、我慢できないっ！」

ぼくは無言のまま、姉の中に二本の指を入れた状態で固まっていました。

「ああ、早くして、早く突っ込んで、おま○この中をち○ぽでグイグイ引っ掻《か》きまわしてよ！」

姉の足がぼくの体に巻きついてきました。そのまま体を引き寄せていました。よほど入れて欲しくって、もうこれ以上待てない感じでした。

そんな姉の格好は、ぼくがオナニーしてるときに出る寸前にやめなきゃならなくなってしまったよりも、もっと切実なようでした。

「い、いいの？」

「そんなこと言ってないで早くしてよぉ！」

ぼくはドキドキしながら姉に体を合わせました。

「ほら、ち○ぽはどこなの？　和雄のおち○ちんはどこよ！」

姉の手がぼくの股間を這《は》いまわり、握り締めました。

「硬くなってる！　すっごく硬くなってる！」

初めて他人に触られて夢心地でした。そして次の瞬間、びっくりするほどの感触が待っていました。

姉がその場所に押しつけると、体を浮かしてきたのです。それと同時にぼくの腰をつかんでググッと引き寄せたのです。

「おあああっ、硬いのが入ってくるぅ」

すっごい感触でした。これがおま○この中なんだ。そんな実感がすぐに湧いてきました。ヌルヌルしてててヌメヌメで、まさに最高の肌触りなんです。

中まですっぽり入ったかと思うと姉が体を動かし始めました。ぼくは止まったままなのにヌメヌメしたものがちょうどいい感じで前や後ろに動くんです。

「ああ、こんなの初めてだよ。ううっ、すごい。すっごい」

「あんたも腰振って、ずんずん突っ込んできてよ!」

姉に言われて、自分も腰を動かさなきゃいけないんだって思いました。

でもこのままで充分に気持ちよかったんで、これ以上気持ちがよくなったら、すぐにでも出ちゃうんじゃないかって思いました。

姉はそんなことはぜんぜん考えてないみたいで、とっても器用に腰を動かしています。

ぼくもそのうちどうしようもなくなってきました。出たなら出たで、もうどうでもいいやって。

それでもまったく初めての体験なんです。どうやったらいいのかよくわかりません。姉も前後に動いてるんで、ぼくが下手にしたら抜けちゃうみたいだったし。

「何やってるの、早く突っ込んでよ！　それにおっぱいも刺激して」

また髪の毛をつかんで引き寄せられました。それでどうにでもなれって感じで、腰をズンズンって動かしたんです。

「あおおおおっ。ああっすごく感じる。硬いち○ぽはサイコーッ！」

「ぼ、ぼくもいいよ。とってもいい」

前に動かしても後ろに引いても全体が擦れてとっても気持ちがいいんです。それがヌルヌルと絡まっているのでやればやるほど、動かせば動かすほどどんどんよくなっていくんです。

音もすごいのに驚かされました。ビデオで知ってるのと同じでクチャクチャってとってもイヤらしい音が、ずっと鳴りっぱなしなんです。

目の前のおっぱいはぼくの動きに合わせて揺れるんで、これもとっても刺激的でした。姉を完全に支配しているような感じに思えるんです。ぼくのチ○チンで姉をこんなふうにしてるんだぞって。

学校で男子をバカにする女子も、こうやって突っ込んだら自由自在なんじゃないかって思えてきました。

ぼくはもう夢中になってズンズンと腰を振りました。姉の最後の瞬間を見てみたかったんです。

ヒィィッ！　イクイクッ、いっちゃうって感じに、ビデオみたいにとっても恥ずかしくって色っぽいところを見てみたかったんです。

でもなかなかそうはなりません。

「おおおおっ、いいっ。感じる、そこそこっ。もっと早く突っ込んで抜いて！」

とっても気持ちよさそうにしているのに、ぼくのほうがもうこれ以上はもちそうにはありません。でも、これで出しちゃったらバカにされるに決まってるって考えました。女を満足にイカせられない男なんてサイテーだって、そんなことを言われるに決まってるって。

姉はおっぱいを揺らしてとってもよさそうに呻いています。それを見ては、もうちょっと、あともう少しだってなんとか気張りました。

でもそれも長くは続くはずはありませんでした。

「ああっ、もうダメだよ。これ以上続けられないっ。あっ、出る出るっ！」

そう言った途端、姉がぼくの体から離れました。ぼくを力任せに押すようにして、おま○こから抜いたんです。

「あああああっ、出ちゃう！」

抜けるときのズルズルッて感触がすごかった。そのまま姉の顔まで飛ばしてありったけ出しちゃいました。ぼくはもうなんだか情けなかったんだけど、それでも最高の状態で射精した解放感を味わっていました。

ぐったりしてたんだけど姉の体を改めて眺めたら、汗だくになってました。

「和雄、ぼけっとしてないでティッシュで飛ばしたの拭いて！」

言われたとおりに、お腹やおっぱい、それに顎にまで飛んだのを拭きました。

拭き終わった後の姉のひとことが印象的でした。

「あー、すっごくよかった。またさせてあげるから、次はもっとがんばるのよ」

イッたのかどうかはわからなかったけど、けっこう満足してくれたみたいでした。なんか自信がついた感じもしたんです。こんど学校で女子にバカにされたら「突っ込んでひぃひぃ言わせてやろうか」なんてことが言えそうな気がしました。

それにしても姉の体は最高でした。もうオナニーどころじゃないです。おま○この中を知っちゃうと。

夫公認でほかの男を自宅へ引き入れ、人妻であることを忘れ一人の女になって

〇木下里美（仮名）主婦・二十五歳

二十五歳のギャルです。毎日遊んでます。

遊んでいるといってもクラブへ行ったり、カラオケに行って唄《うた》ったりで、男を漁《あさ》ってセックスばっかしてるなんてことはありません。その辺のギャルとは違うんです。

なんといってもあたしには夫がいるんです。ちゃんと結婚してるんですよ。

あたしの大事な大事な彼はヨウちゃん。洋行《ひろゆき》っていう名前なんだけど、そう呼んでます。

歳はあたしよりもずっと上。倍以上も違います。もうお父さんっていうか、五

十歳過ぎなんで、あたしから見たらおじいちゃんみたいな年齢なんです。

仲のいい友達は親子みたいだなんて言ってます。娘を溺愛《できあい》しているパパと、ファザコンの娘みたいだって。一緒にいれば夫婦っていうよりも仲のいい娘と父親って感じなんです。

歳は離れてるけどセックスはします。ちゃんとおち○ちんも硬くなるし、回数はそんなに多くないけど、ベッドに入ってからの時間はとっても長くて、指や舌や口を使って、すごく優しく、すごくていねいに、あたしのあっちもこっちも大事なおま○こも、とっても気持ちよくしてくれるんです。

そうやって何十分も触って、いい気持ちにしてもらうと、あたしはもう溢《あふ》れるくらいにぬるぬるで糸引きます。おま○この汁がシーツにべったりついちゃうくらいなんです。

そしたら今度はあたしがヨウちゃんのおち○ちんを、お口やベロで刺激したり吸ったりして、大きく硬くしてあげるんです。

もうこれ以上ないくらいに大きくなったらセックスするんです。

でも若い男の子とするみたいに正常位で激しい出し入れはあまりしません。あたしが上に乗ってヨウちゃんに跨《また》がるんです。最初のころはヨウちゃんがするほうで、あたしがされるほうだったんだけど、何度かしてるうちにあたしが上に乗って跳ねたりしてやったほうがヨウちゃんが悦ぶようになったんです。

「このほうが気持ちがいいし、若い体がよく見えていいよ。それに楽だしね。若い娘に犯《や》られているみたいなところもいい」

そう言うので跨ってするセックスがほとんどになりました。

ヨウちゃんは会社の社長をやっててお金もあるし、とっても優しいし、何でも買ってくれるし、おいしいものもいっぱい知ってていろいろ食べに連れてってくれるし、あたしにはもうなくてはならない男の人なんです。

ヨウちゃんと知り合いになってセックスして、それで結婚してから、もうほかの男の人とはセックスしたらいけないんだなって思ってました。

それまではつきあってる彼氏がいても、カッコイイ男に誘われるとついていってセックスしてたんだけど、結婚したからもう浮気はしたらダメなんだって、自分で自分に言い聞かせてました。

それがヨウちゃん以外の男の人とセックスすることになっちゃったんです。でも浮気じゃないんです。ヨウちゃんを裏切ったわけじゃないんです。

どういうことかというと、ヨウちゃんがほかの人とセックスできるようにしてくれているからなんです。

あることをきっかけにあたしがほかの人とセックスするということは始まりました。ヨウちゃんと自宅でセックスして、それで汗を掻《か》いたんでシャワーを浴びに行ったらヨウちゃんがついてきて、

「里美《さとみ》がシャワー浴びてるところを見たいから見ててもいいかな？」

そう訊《き》いてきたんです。裸ならいつもベッドで見てるのにへんなの、と思ったんだけど、いいよって返事しました。

それでお風呂の扉をあけたままで、ヨウちゃんはあたしがシャワーを浴びるのをずっと見てました。そしたらさっき精子を出して、小さくなってたヨウちゃんのおち○ちんがむくむく大きくなってきたんです。

「えっ、どうしたの？」

「里美の裸を見たからだよ」

「だってさっきも見たじゃん？」

「ベッドのときとはちょっと違うんだ。セックスという目的の中で見たのと、いま里美がシャワーを浴びているのとは主観と客観の違いがあってね――だからなにげない裸の様子を覗《のぞ》き見る感じで――」

そんなふうでヨウちゃんの説明は何だかわたしにはわかりにくいものでした。主観とか客観とか言われてもさっぱりです。でも要するに覗きとか、なにげない裸とか、そんなのはわかった気がしました。

それから少ししてヨウちゃんがびっくりするようなことを言ったんです。

「里美が、誰か若い男とセックスしてるところを見てみたいな」

最初は驚きました。嫌いになっちゃったんじゃないかって思いました。でもちゃんと説明してもらって結局納得できたんです。シャワーで私の裸を見たみたいに、客観的に私がほかの男の人とセックスしているのを見たらすごく興奮するっていうことらしいんです。

「里美も私とするよりも、別の人間にしてもらったほうが気持ちいいんじゃないのか。それに若い男ともたまにはやってみたいだろ」

「そんなことしていいの!?」

って聞いたら、

「里美がとっても気持ちよさそうなところが見てみたいんだよ。それを見ると私もすごく興奮して、里美とのセックスももっとよくなると思うんだ」

こう言われて、嫌われてるんじゃないんだって思いました。だったらお互いにいいことだと考えたんです。

でもどこの誰を相手にしたらいいんだろうか。あたしの遊び仲間ってわけにはいかないしって考えてたら、

「相手は私が連れてくるから大丈夫。その男と関係を持っても誰にもばれないし、私や里美にへんな噂が立つことは絶対にないから、心配しないでいいからね。それに里美の好みもちゃんと考えるから任せておきなさい」

「だったらブラピみたいな男がいい」

「里美が喜びそうな男を連れてくるよ」

そんなこと言ってるうちに、部屋の工事が始まりました。壁の一部をぶっこわして、そこに大きな鏡を入れたんです。もう全身っていうか部屋のなか全部が映るような、扉二枚くらいある大きさの鏡です。

「明日の夜、男が来るから。里美のことは相手にも話してある。セックスのことも知ってる。だから里美がこうしたいって男をリードしてもいいし、向こうに任せてもいい。まあ好きにセックスしなさい」

いよいよのときがきたんです。見ず知らずの男がやってきてセックスするなんて、ちょっとドキドキでした。

鞭《むち》で叩いたりする変態だったらどうしようか、なんても思いました。それに若い男の人が来ることはわかってたし、鏡の向こうではヨウちゃんが見てるんだしって頭の中でいろいろ考えたら、なんだかすごく興奮してました。

いっぱい喘いじゃったらどうしようか。とっても恥ずかしいセックスするとこ見せちゃったらヨウちゃんが嫌いになっちゃうかも。そんなことがごっちゃになってバンバン渦巻いてました。

当日になってヨウちゃんはいつもどおりに会社へ出かけて行きました。

「何時に戻れるかはわからないけど、適当に帰ってくるから。もしも私が帰ってこなくても、里美は男が来たらセックスを愉しみなさい。私がどこかで見てるからって遠慮しなくていい。いつもどおりの里美のセックスをしなさい」

いったい何時にどんな男が来るのか、まったくわかりませんでした。ヨウちゃんも詳しいことは何も話してくれないまま出かけちゃったし。

昼頃まで寝て、それで近所のファミレスでお昼食べて、ひょっとしてまだ明るいうちに来るんじゃないかって思って家に戻りました。

そわそわしちゃて、アソコも何だかうずいちゃって、それで自分でオナニーしました。一回イッて落ちついたんで、またお腹が空いてピザを取って食べました。

それでうとうとしてたら玄関のベルが鳴ったんです。時計を見たら七時過ぎでした。ひょっとしたらヨウちゃんが帰ってきたのかなって思ってドアをあけたらスーツを着た若い人が立ってました。

「里美さん？」

この人とやるんだ！

そう思ってあたしは男の人の顔から足元までじっくりと見てしまいました。

「どうぞ、入ってください」

そう言って家に上げたんですけど、普通ならお客さんはリビングに通すはずなんで、どうしたらいいかなって思ったんです。だから、

「ベッドへ行くんですか？」

って言ったら笑ってました。それでちょっと安心したんです。怖いような人じゃなかったから。体格はがっちりした感じでした。歳は二十代の後半くらいかな。ひょっとしてヨウちゃんの知り合いにホストクラブの社長がいて、そこから男の人が来るのかなって思ってたんですけど、そういう感じじゃありませんでした。

「お聞きしていた以上に魅力的だぁ。今日は思いっきりセックスをエンジョイしましょう」

その人はすぐに服を脱ぎ始めたんです。パンツまで脱いじゃってすっぽんぽんになっちゃったんです。

「ほら、今夜はこれが里美さんに入るんですよ。触ってみてください」

その人はあたしの手を取っておち○ちんを触らせました。久しぶりの若いおち○ちんでした。何だか嬉しくなって指先で揉《も》んだりして感触を愉しんでいたら、すぐに勃起して大きくなりました。

やっぱり若い！　ズンッって感じであたしの体に向かって伸びてました。

それで口に含んだんです。中から出てくる粘液も舐《な》めたかったんで、指でしごきながらしばらく舐めてました。

舐めている最中に男の手が伸びてきてあたしの胸とか揉んで、それで服のボタンをはずしてました。

裸になってベッドで互いに舐め合いました。彼は指を奥までアソコに挿し込んで刺激してくれました。

あたしはそれがとっても気持ちよくて声を出しちゃったんですけど、慌てて意識して声が出ないようにしました。そんな声をヨウちゃんに聞かれたくないって思ったからです。

姿は見えないけどきっと鏡の向こうにいる。それであたしのセックスを見てる。そう思ってました。

彼が上になって入れるような姿勢になり、あたしは股を開きました。とっても硬いのが入ってくる、ググーッて感じで入ってきました。ヨウちゃんのスルスルって感じとはやっぱり違ってました。

すぐに彼が腰を打ちつけてきました。あたしはそれでもできるだけマグロになろうって努力してました。でもだんだん感じてきたんです。

「クッ……クッ……」

そんなふうにして、感じても感じても声を出さないようにしてました。でも彼の指が伸びてきて、入れたままクリトリスを触り出したんです。

「ああっ、ダメっ」

ついに大きな声を出しちゃったんです。それを待ってたみたいに彼の腰の振り方が激しくなってきました。

正常位でやってたのに片足を持ち上げたり、横になって脚をいっぱいに広げて嵌《は》められたり、なんだか派手なセックスをしてる感じでした。

それでついにあたしはベッドから降ろされて、立ったまま後ろから突かれたんです。それも鏡に映るようにして。そのまま、突かれながら歩きました。少しずつ鏡のある壁のところまで歩いたんです。

目の前には恥ずかしい格好のあたしが、そのまんまの姿で映ってました。鏡の向こうにはヨウちゃんがいて、見てる。そう思ったらどんどん興奮してきて、あたしが気持ちよさそうなところが見たいって言ってたことを思い出しました。

それで鏡に手をついて体を支えて、後ろから入れやすいようにお尻を突き出しました。

いきなり激しくとっても早く突かれました。バシバシバシって感じです。とってもよかった。とっても感じてました。

「ああっ、いいっ！　腰が砕けちゃう。立ってられない！」

そんな感じでイッちゃってへなへなになってました。彼は出したのかどうかわかりませんでしたが、すぐに帰っちゃったみたいでした。

あたしが鏡の前で、そのままグッタリしてたらヨウちゃんが現われました。裸でアソコも大きくさせてました。

あたしは手を引かれて立たされました。

「とってもよかったよ。興奮した。このとおり思いっきり硬くなってる」

そう言ってさっきしてたみたいに後ろから入れようとするんです。

「だめ……立ってられない。疲れちゃって――」

「じゃあベッドを使ってあおむけに寝て、お尻を突き出しなさい」

そんな感じでベッドの端であたしはお尻を突き出しているだけでした。アソコは濡れたままで、ヨウちゃんはとっても興奮して必死で入れてました。

「おお、里美。お尻の音がバシバシいってるぞ。若いのもいいけど使い込んだち○ぽもいいだろう。ほらどうだ」

でもやったばかりで、それも硬いのを入れたあとだったのでそんなによくはなかったんです。でもヨウちゃんは興奮してたのかすぐに出してしまいました。

どこかの誰かとセックスしたのは、あたしはあたしでとってもよかったし、ヨウちゃんもすごく興奮して、両方にいいようでした。

それから二週間もしたら、すぐまた次の機会がありました。この前の人が来るんだろうと思ってたんですが、別の男性でした。細くて背の高い人で、また鏡の前で今度はそこにソファを置いてやりました。

あたしにおち○ちんが嵌まっているところがよく見えるようにして、鏡に向かってしまいました。下から突き上げられてとってもよかった。それに映っている自分にも興奮しました。どこの誰だかまったくわからない人が突き入れているということも、あたしにとっては力が入るようなことで、自分からもどんどん腰を振って、ヨウちゃんに見せびらかすような感じでしました。

「あの人たちはヨウちゃんの知り合いの人?」

そう聞いてもヨウちゃんは何も教えてくれませんでした。でもホストクラブとかから派遣された人では絶対にないなとにらんでたんです。だとすると考えられるのはヨウちゃんの仕事に関係がある人たちです。

それであたしは二、三日ヨウちゃんの会社のあるビルで見張ったんです。そうしたら当たってました。あの背の高い人が出てくるのを見たんです。どうやらヨウちゃんの会社で働いてる人たちで、ヨウちゃんは自分の部下にあたしの相手をさせてたわけです。

「またそろそろ若い男とセックスして欲しいんだ」

わたしは男の人がヨウちゃんの会社の人だってわかったことは黙ってました。そのほうがいい気がしたんです。

「いいよ。ヨウちゃんがそうして欲しいのなら。今度はどんな人が来るのかな。ひょっとして二人一緒に相手にできたら、すごく気持ちよくなれるかも……」

そんなことを言いました。するとヨウちゃんはなんかニヤニヤ笑ってました。

「あたしのエッチな格好を想像したんでしょ」

黙っていたけど図星のようでした。でもそれで今度は二人相手にやれるなって思ったんです。クラブばっかり出入りしてるころは結構その日替わりでいろんな男と寝たりしましたが、二人一緒にはまだやったことありませんでした。一対一じゃないと強姦みたいにされたり、男の人だけ勝手に射精しちゃって終わりになったりすると思ってたんです。

でも今度はそんなふうにはならないことは初めからわかってます。男たちはヨウちゃんに言われて、あたしを思いっきり気持ちよくさせるために来るんだから。

「明日来る」ってヨウちゃんが言う日を待ちました。うずうずして待ってました。そしたら突然それがやってきたんです。予告なしです。夕方のまだ明るいうちに玄関のベルが鳴って、出たら二人の男の人がいたんです。

一人は年齢はタメみたいな感じの人でした。もう一人はもっと若いまだちょっと学生ぽい感じの男の子でした。

あたしは突然だったので、髪も起きたばかりみたいにボサボサで服もシャツにショートパンツで、なんだかだらしない格好をしてました。

「ひょっとして頼まれた人。あたしと……するようにって?」

「そうです」

そう言いながら二人はあたしの体をジロジロ見てたんです。前の二人は紳士的というか大人でそんなことはしませんでした。だから今度はクラブで遊んでて遠慮なく体を見られるって感じでした。

そういうのっていいんですよね。こいつあたしとやりたいなってよく伝わるんです。あたしの体見て、エッチな気持ちになってるなって感じです。

「入って。鍵閉めてついてきて……」

男を二人従えた女王様の気分でした。腰をクネってお尻を振って歩きました。歳を聞いたら二十四歳と二十一歳でした。同じ年齢とはやったことあるけど年下は初めてです。ちょっとエッチなお姉さんみたいな気分になってました。

こんな若い人とやれってことはお姉さんみたいにしてセックスしろってことだな。そうヨウちゃんが思ってるって、勝手に思い込みました。

「あたしとやりたい?」

「はい……」

「体見て興奮する?」

「もちろんです」

「ぼくもそうです」

「じゃあしてもいいけど、先におち○ちん見せてもらおうかな」

そう言って二人にパンツを脱ぐように言いました。二人ともすでに勃《た》ってました。ブンって感じで二本があたしに入りたくて堪らない感じに見えました。

「ほら気持ちいいでしょ。指先で刺激してあげるからね」

右と左に二本を一度に刺激しました。そしたら若いほうの子はあんまし経験がないみたいで、腰を引いてうずくまるみたいにしたんです。もう出しちゃった？と思ったらとってても刺激が強すぎて堪え切れなかったみたいです。それがなんだか済まないような顔しててとってもかわいかった。

「お口でもしてあげるからね」

そう言ってあたしはしゃがんで二人におち○ちんを口のところへ持ってくるように言いました。で、やってあげたんだけどエッチなビデオであるみたいに二本一度ってなかなかできないんです。だからちょっとやっただけで止めました。

「アソコ見たい？」

その後、パンツに指を掛けて半分下ろしながらそう言ったら、若い子が上から中を覗きこんでいるのがわかりました。欲望丸出しって言うか、とっても見たそうな態度があたしにはよかったんです。

「じゃあベッドで横になるから、上も下も脱がしていいからね。触っても舐めてもいいよ。我慢できなくなったら入れてね」

そう言って横になりました。そしたらすぐにパンツもシャツもブラジャーも取られちゃって、二十四歳の人は胸を揉んで乳首に噛《か》みついてきました。

若い子はあたしの脚の間に顔を入れてアソコを見てました。それで割れ目に指をやって、めくったり開いたりしてじっくりと眺めてました。ひょっとして童貞君が、あたしの体で初体験するんじゃないかなって感じでした。

でも彼は二十四の男のほうに場所を替わるように言われて胸のほうに来たんです。それで揉んだりしゃぶったりしているうちに二十四のほうが入れてきました。

胸は若い子に揉まれて、アソコは別の人に入れられて、同時に感じるところを責められてとってもいい気分でした。

でも年下の子がかわいそうだなって感じたんです。一人はあたしの中で気持ちいいのに、彼はおっぱいをいじってるだけ。

「後ろからやって」

そう言ってあたしは這《は》ってお尻を向けました。

「あなたはここで横になって、あたしの口にちょうだい」

若い子のを咥《くわ》えてあげようと思ったんです。口の中で気持ちよくしてあげようって。それに上にも下にも同時に入れてみたかったんです。

あたしは突かれながら夢中でしゃぶりました。突かれれば突かれるほどしゃぶって、口の中は唾と彼から出てくる液でいっぱいになりました。

頭も体も全身おち○ちんに征服されている気持ちでした。それで先に口の中が生臭くなって、若い精液でいっぱいになったんです。そしたらすぐにあたしもイキました。鼻からも精子を出しちゃったんじゃないかって思えるほど、若くて濃い匂いでいっぱいでした。

やった後はまたいつもみたいにボーッとしてて、彼らが帰った後、ヨウちゃんが出てきてあたしとしました。

「里美、いいよ、いいっ。でも最後は口でイカしてくれ」

そう言いながら、フェラチオして欲しかったみたいで口に入れてきたんです。

あたしは唇がなんか痺《しび》れちゃってて仕方ないから舌だけ動かしていたんだけど、ヨウちゃんは自分で腰振って勝手に口の中に出してきました。

やっぱり全然違う。同じ精子なのに匂いもねちゃねちゃした感じも違いました。疲れてぐったりした中であたしは思ってました。あの若い男の子とまたしたいって。あの男の子がとっても気持ちよくなってあたしの中に出すようにしたいっ。二日たって、会社へ行きました。あの若い男の子を探しにです。こっそり近所をうろうろしてたら見つかりました。それで連絡ちょうだいって感じで携帯の番号わたしたんです。そしたらすぐに、家に戻る前に電話がありました。

彼は崇君《たかし》っていってヨウちゃんの会社でバイトをしてる男の子でした。卒業したら就職するかもしれないってことです。

その日はクラブに行くってうそ言って、彼に会いに行きました。彼のアパートに行ってセックスすることにしました。まだ慣れてない敏感なおち○ちんにいろいろ教えてあげたかったんです。

「このあいだはしてもらったけど、今度はあたしがよくしてあげるからね。気持ちよかったら気持ちいいって言って。そのほうがあたしは嬉しいから」

崇君をベッドに寝かせておち○ちんを中心にいっぱい弄《いじく》りました。唾を垂らしてコキコキしてあげて、先のほうを指先や舌で刺激してあげました。

「どう、いいの？」

「いいです。とってもいいです」

「ほらこうやってたまも触るといいんでしょ。でも先っちょのほうがいい？」

「あっそこ……うぅぅ」

そんなふうにあちこち触って舐めてやるととってもいい気持ちよさそうに声を出すんです。

「じゃあ出していいよ。ピュって出るとこ見ててあげるからね」

「そんなとこ見られたら恥ずかしいです。でも気持ちいい、ああっ」

あたしは年上のエッチなお姉さんの気分でした。痴女ってやつです。

「一回出したら、入れさせてあげるから、遠慮なく出しなさい」

「出ます、出ちゃいます。ああ、もう出ます」

久しぶりに飛ぶところを見ました。三十センチくらい上に飛んであたしの手に落ちてきました。

それから崇君が今度はあたしを舐めたいって言うんでお互いに気持ちよくなれるようにシックスナインの形になりました。それでまた勃ったところで後ろからしたいって言うんでそうしました。

立ったまま後ろからやりましたが、崇君はなかなか出さなくて、もう脚ががくがくしました。それでまたしようって約束して、連絡くれるように言いました。

そしたら今度は、友達も誘ってはダメかってメールをよこしたんです。友達に友達に話しちゃったらしくて、その友達があたしにすごく興味を持ったみたいでした。だったらもっと人数が多くてもいいかなって、そのとき思ったんです。崇君の友達ならそんなに遊んでいる子じゃないなって思ったんで、ほかにもしたい子いるの？　って聞きました。

それで二人の男の子が崇君の部屋に集まりました。崇君以外の二人は風俗の女しか知らないって言ってました。

「風俗でしてもらったけど、早く終わらせちゃえって感じばっかりなんです」

「だったらゆっくりたっぷりおま○こさせてあげるからね。どうしたいの」

「オナニーを見せてもらえますか。女の人の本気のオナニーが見たいんです」

「じゃあ、あたしを見ながら三人もオナニーしてよ」

「はい。します。里美さんを見ながらしますから、見ててください」

あたしは面白くなってそれで椅子に乗って脚を広げました。男の子たちは正座してち○ちんこすりながら覗きこんでました。

本当に興奮しながらオナニーしました。あたしをおかずに三本をこすってるなんてすごい感じです。もうぬるぬるがどんどん出てきて仕方ありませんでした。男の子たちもそんなあたしのオナニーを見てハァハァ言って興奮してました。それで途端に入れたくなりました。

「そのまま座ってて、順番に跨るから。ほかの子は見ながらオナニーしてて」

そう言って男の子たちに跨りました。順番に腰振ってズンズン入れました。でもそのうちに替わるのが面倒になったんです。

「お尻向けるから順番に入れてよ。手の空いてる子はおっぱい揉んだりしてよ」

それからは喘ぎっぱなしでした。もう三人とも思いっきり突きまくりです。バシバシバシってお尻の音もすごかった。一人でイクと、

「ぼくまだ出してないです！」

ってひっきりなしに入れられて。やっぱり若い男の子はいいです。遊び慣れた人みたいにテク見せてやろうなんてこともないし、もう機械みたいに突くだけ。

それからあたしのセックスは忙しくなりました。ヨウちゃんとやって、うちに来る男の人ともやって、それに崇君たちともやってるんだから。

あたしの毎日はあっちにこっちに、若いのもベテランのもおち○ちんだらけです。そんなにヤルのが忙しくて、もうクラブやカラオケには行けないくらいです。

看護師の叔母に体を拭いてもらっていると興奮が治まらなくなってしまい

○宮本優一（仮名）会社員・二十四歳

それは、高校二年の夏の出来事だった。

期末テストを終えた僕が、夏休みの旅行の計画を立てようと意気込んでいると、なんだか、シクシクとお腹が痛み始めた。最初は、冷たいものでも飲みすぎたのだろう、とタカをくくっていたのだが、しばらくすると本格的に痛みだした。

そんなとき、ちょうどタイミングよく、看護師をやっている菜穂《なほ》叔母さんがうちに遊びにきた。彼女は、母の一番下の妹で、年齢は二十四歳、四人いる母の姉妹のなかでもいちばんの美人だ。

僕は、幼いころから、かわいくて愛嬌のある叔母に憧れていて、彼女を「菜穂ネエ」と呼んで、いつも後を追いかけていたが、彼女が中学に入り、さらに高校に進学するようになると、だんだん女っぽくなっていく彼女に近づきがたくなって、こちらからは、あまり積極的に声をかけることができなくなっていた。

菜穂ネエは、高校を卒業すると看護専門学校に入学。卒業後は都内の病院に就職し、それ以来、彼女はめっきり女っぽくなって、大人の色気を漂わせるようになっていた。

さっそく彼女に症状を話してみると、

「それ、盲腸かもしれないから、うちの病院で検査してごらん」

と言う。

慌てて菜穂ネエの勤める病院に行き、内科で検査してもらうと、盲腸が炎症を起していたので、すぐに入院して手術をしましょうということになってしまった。

手術の前日に入院して、老若の男ばかり六人が入っている大部屋に入ると、ほどなくナース姿の菜穂ネエがやってきて、

「どう、調子は？　緊張してる？」

と声をかけてくれた。

「うん、まあ。多少はね」

などと応じつつも、僕は、白衣を着た叔母さんの姿に見惚《みと》れていた。

菜穂ネエは、もともと美人でかわいかったけれど、ナース姿の彼女は、私服のときには見られない清楚《せいそ》な色っぽさが滲《にじ》み出ていて、僕はあらためて彼女の虜《とりこ》になってしまったのだ。

菜穂ネエは、盲腸の炎症を抑える薬の点滴をしてから、部屋を出ていったが、その夜、夕食をヌキにされて空腹を抱えた僕のところに、ふたたびやってきた彼女は、手術準備のために浣腸をすると言い出した。僕はもちろん、

「ええっ、そんなの、恥ずかしいよ。どうしてもっていうんなら、僕が自分でトイレにいってやるよ」

と断ったのだが、菜穂ネエは、いつになく真剣な顔つきで、

「あなたね。病院に入院したからには、こっちの指示にしたがってもらわないと困るのよ。自分で半端にやられて、液が無駄になったり、効果が出なかったりすると困るんだから」

と言うなり、聞き耳を立てている周囲の連中から遮断するように、サーッとカーテンを引いて、周囲からこちらが見えないようにすると、僕に、パンツを下ろして、四つん這《ば》いになるように命じた。

「えー、マジかよー」

僕は、ブツブツ文句を言いながらも、言われたとおり、パンツを下ろして、尻を剝き出し、ベッドの上で四つん這いになるほかなかった。

ひそかに憧れる菜穂ネエの前に、なんともみっともない姿をさらなければならなくなった僕は、惨めさと情けなさで涙がちょちょぎれそうになった。

そんな僕の気持ちを知ってか知らずか、菜穂ネエは、

「骨っぽいお尻ね」

などと言いながら、僕の肛門に浣腸器を差し込み、浣腸液を注入した。

直腸の奥に、冷たい薬液が入っていくのを感じたが、そんな間にも、彼女の目には、僕のきたない尻が丸見えになっているに違いない。

液の注入が終わり、パンツとパジャマを穿《は》くことを許されてからしばらくすると、お腹が渋りだし、僕は慌ててトイレに駆け込んだ。便意は、間歇的《かんけってき》に何度もやってきて、けっきょく、僕は腹の中のものをすべてきれいに出してしまうことになった。

後でそのことを恨めしげに菜穂ネエに報告すると、

「じゃ、これで手術に向けての第一段階はオーケーね。じゃ、今夜はゆっくり休

みなさい。明日の朝、手術の前にまた来るから」

と言って、なにごともなかったかのように去っていった。

翌朝、僕は、空腹でまだ夜が明け切らないうちから目が覚めてしまったので、朝食の時間になって、他の患者たちが文句を言いながら病院食をたいらげる音を、恨めしげに聞いていた。

やがて、菜穂ネエがやってきて、今度は、手術のために股間の毛を剃《そ》るので、またパンツを下ろせという。

「ええっ、毛まで剃らなきゃいけないの？」

僕が昨日にも増して絶望的な気分になりながら訊《き》き返すと、彼女は涼しい顔で、

「最近は盲腸を薬で処置する病院もあるけど、うちでお腹の手術をするときには、男も女もジャマな毛は剃るのよ。女性は出産のときも毛を剃るんだから」

と言って、またカーテンを引く。

いかに情けなく、腹立たしいと思っても、ここは病院、ナースの命令に逆らうわけにはいかない。僕は仕方なく、またも菜穂ネエの前でパンツを下ろして、チ○チン丸だしでベッドに横たわった。

もちろん、それは、ぐったりと力なく縮こまっている。

菜穂ネエは、僕の恥毛になにやらクリーム状のものをこすりつけると、剃刀《かみそり》を取り出してジョリジョリとやり始めた。それほど痛くはなかったけれど、彼女は、チ○チンの周囲を剃るときに、なんとそれを指で摘み上げた。

「あっ」

僕は思わず声をあげたが、菜穂ネエが当然のような顔をしているので、それ以上なにも言えなくなってしまった。

でも、そうしてチ○チンを摘まれていると、なんだか妙に気持ちよくて、ふと気がつくと、菜穂ネエの手の中で半ば勃起している。

僕は、ハッとしたが、菜穂ネエはなにも気づかないフリをして、最後まで剃り終えてから、剃り跡を濡れタオルでぬぐい、

「はい、これで準備完了。後は手術着に着替えて、待っていてちょうだい」

と言い残して、部屋を出ていった。

その後、安定剤を処方された僕は、別の看護師さんによってストレッチャーで手術室に運ばれ、医師や何人もの看護師に囲まれた手術台の上で麻酔の点滴を受けて、意識を失った。

僕がふたたび意識を取り戻したのは、もう午後になってからのことだった。麻

酔が醒《さ》めるときには、なんだか少し寒気がしたけれど、しばらくするとそれは収まり、手術をした腹部に引き攣《つ》るような痛みを覚えた。でも、それは、静かにしていれば、そんなに酷《ひど》い痛みではなかったので、僕は、早く菜穂ネエがやってきて、状況を説明してくれることを期待した。

菜穂ネエがやってきたのは、目が覚めてから一時間ほどが経過したころだった。スタスタと部屋に入ってきた彼女は、僕の顔を覗《のぞ》きこんで、もう目が覚めているのを確認すると、

「どう、気分は？　気持ち悪いとか、頭が痛いとかいうことある？」

と訊いてきた。

「いや、それはないけど、ちょっとお腹が引き攣るみたいに痛いや」

「それは仕方ないわね。傷がくっつくまで、何日かは、多少痛むわよ。でも、手術そのものはなんの問題もなく無事終わったから、後は、体力をつけて、回復を待つだけよ」

「どれくらいで退院できる？」

「どうかな。経過にもよるけど、四、五日もいれば十分じゃない。明日からはもう、リハビリにゆっくり病院内を歩いてもいいわ。そのほうが回復も早いから」

それから、菜穂ネエは体温計を取り出して熱を計ったのだが、その前にいきなり顔を寄せてきて、オデコをくっつけた。彼女のほうはなにごともないかのような顔つきをして、

「うん、熱はないみたい。まあ、あってもなくても計らなくちゃならないけど」

と言ったけれど、僕のほうはびっくりして、ろくに返事もできずに、いつまでも胸をドキドキさせていた。

子供のころ、風邪で寝ていた僕の頭に、中学生だった彼女が同じように頭をくっつけたことはあったが、あれはあくまでも子供のときの話。

こっちも大人に近づいている今、まるでキスされるみたいに顔を近づけられれば、どうしたってドキリとしてしまう。

この日から、菜穂ネエは、一日何度か僕の病棟を訪れては、熱を計ってくれたり、点滴を交換してくれたり、体を拭いてくれたりするようになった。

僕にとって、問題だったのは、体を拭いてもらうときだ。彼女は、ベッドにカーテンを引き回して周囲から見えないように覆い隠してから、僕のパジャマを脱がせ、裸にして、全身をていねいにタオルで拭いてくれる。

それは、すごく気持ちがいいのだが、困ったのは、お腹や股間のあたりを拭い

てもらっていると、その摩擦でペニスが反応してしまい、彼女の眼前でムクムクと頭をもたげてしまうことだった。

僕は、それをどうにもできないまま羞恥で顔を真っ赤にしてしまうのだが、そうすると菜穂ネエは、

「ふふふ、元気いいわね。優《ゆう》ちゃんのチ○チンも、以前はドングリみたいでかわいらしかったのに、いつのまにか、こんなに大きくなっちゃって」

と言いながら、タオルで勃起したペニスをこすってくれる。僕は、小声で、

「い、いいよ、そこは」

と言うのだけれど、彼女は、

「あら。だって、ここだって、きれいにしなくちゃ。ペタペタしてるし」

と平然とした顔で応じるのだ。

でも、そうやって拭いてもらっていると、その刺激でペニスはますますいきり立ち、やがて下腹が突然の快感に襲われたと思った途端、彼女の手の中でペニスがブルッと震え、ビュッと勢いよく亀頭の先から白濁液が噴出してしまった。彼女の手からも、ドロリとした粘液が滴り、あたりに精液の青臭い臭気が漂う。

「うう……」

とんでもない事態に、僕は羞恥と快感の狭間《はざま》で絶句してしまった。ところが、菜穂ネエは、こんな事態に直面しても、なんだか妙に嬉しそうな表情で、

「あらあら、出ちゃったのね。でも、仕方ないわよね、したい盛りなんだもの。いいわ、きれいにしてあげる」

などと言いながら、僕のお腹の上に飛び散った精液を処理してくれたのだった。

一度あることは二度ある、という格言どおり、これ以降、僕は菜穂ネエに体を拭いてもらうたびにペニスが勃起してしまうようになり、そうすると彼女もまた、毎回、コチコチになったペニスを握って、精液が噴出するまでシコシコしてくれるようになった。

引き回したカーテンのせいで、僕らがやっていることを他の患者に見られることはなかったけれど、それでも、僕は、そんなことをしてもらっている手前、他の患者たちに後ろめたい気がして仕方なかった。

それでも、僕は、菜穂ネエが僕のペニスを握って、自慰の手伝いをしてくれたのは、盲腸の手術での入院という特別な状況のせいだと考えていた。ところが、僕が予定どおり無事に退院して、自宅に戻った後も、彼女は、病院の休日を利用して、わざわざ家まで僕を訪ねてきたのだ。

夏休みに入ったばかりの、ある熱い夜、父親と母親が一緒に社交ダンスの教室に行ってしまったので、僕が、部屋のベッドに寝転がって漫画雑誌を読んでいると、いきなり菜穂ネエが入ってきた。

「あれぇ、どうしたの？　今日は、おふくろ、留守だよ」

びっくりした僕が素《す》っ頓狂《とんきょう》な声をあげると、彼女は、ごく落ち着いた様子で、

「知ってるよ。私が優ちゃんの具合見に行くって言ったら、お姉さんが、家の鍵は玄関前の植木鉢の下に置いとくから、勝手に入ってって」

と言う。

「で、どうなの、具合は。もう傷口も塞がったでしょ？」

「まあね。ただ、腹筋したりすると、まだちょっと攣るけど」

「ふうん、じゃ、ちょっと見せてごらん」

菜穂ネエは、そう言うと、ベッドのところにやってきて、当たり前のように、僕がパジャマ代わりに穿いているバミューダパンツを引き下ろし、トランクスも引き下げて、下腹部の手術痕《こん》をあらわにした。

手術前にすっかり剃り上げられた股間の毛も、今では少し伸びて、不精髭みたいになっている。そして、その毛に隠れるように、少し赤味がかった筋のような

手術の傷がある。

彼女は、

「だいぶいいようね。傷口は完全に塞がってるし炎症もない。これなら大丈夫」

と言いながら、優しい手つきでその傷痕《きずあと》の周辺を撫《な》でたが、そうされていると、あの病院でのペニスへの愛撫が蘇《よみがえ》ってきて、僕の股間のモノはたちまちグングンと容量を増し、トランクスからはみ出して、彼女の視線の前に、勃起した姿をさらした。

「あらあら、元気がいいこと」

菜穂ネエは、嬉しそうな声をあげると、

「そうよねえ、病院じゃ、毎日、こうして、してあげてたんだものね」

と独り言のように言いながら、僕のペニスを握り、ゆっくりとしごき始めた。

「あああ、な、菜穂ネエちゃん」

僕は、予期せぬ彼女の行為に戸惑いつつも、ペニスに加えられる刺激の心地よさに、つい自分からも腰を突き出してしまった。

ところが彼女は、さらに顔をグッとペニスに近づけて、亀頭を凝視し、

「こうやって見ると、オチ○チンて、ホントにマツタケみたいな格好してるね」

と言ったかと思うと、パクッと口を開けて、それを咥《くわ》えてしまったのだ。

「ああっ、な、菜穂ネエ……」

僕にとって、それは人生で初めて経験するフェラチオだった。

菜穂ネエの口の中は、柔らかくて、あったかくて、湿っていて、なんとも言えない気持ちよさだった。

さらに彼女は、舌先で亀頭の先をチロチロと舐《な》めたかと思えば、今度は顔を大きく前後させて、アイスキャンディみたいにペニス全体をしゃぶりたてる。

僕は、まるで夢でも見ているような心地で、自分の股間のところで動いている彼女の頭を見下ろしていた。

ペニスへの刺激が次第に僕の快感をジーンとくるような射精の予感へと導き始めたころ、菜穂ネエは、急に口からペニスを吐き出し、少し妙な顔つきになって言った。

「先から、なんかヌルヌルするものが洩《も》れてるみたい」

快感が高まったので、先走りの液が洩れ出してしまったのだ。

「ごめん、気持ちよかったんで……。でも、それは精液じゃなくて……」

と僕が言いかけると、彼女はすぐに合点したように、にっこりと笑って、

「男の人が気持ちよくなると、精液の前に洩れてくるやつでしょ？　昔、なんかで読んだことあるけど、忘れてたわ」

などと言う。ところが、それに続けて彼女はこんな言葉を口にしたのだ。

「もうちょっと出すのガマンしなさい。いつも優ちゃんばっかり気持ちよくなるんじゃ、つまらないもの。今日は、せっかくだから、私も気持ちよくならせてもらうわ」

僕が、その意味を完全に把握しないうちに、菜穂ネエは、着ていたタンクトップとジーンズを脱ぎ捨てたかと思うと、ブラジャーやショーツも脱ぎ去って、あっというまに、全裸になってしまった。

僕の前に、まだほとんど日焼けしていない、白いスリムな美しい肢体がさらけ出された。肩は撫で肩で華奢《きゃしゃ》な感じけど、乳房は、びっくりするほど豊かに発達している。それは、衣服の上から僕が想像していたよりずっと大きく、セクシーだった。

僕は、その見事なおっぱいを触り、しゃぶってみたいという強い衝動にとらわれたが、自分から手を伸ばす勇気はなかった。

でも、そんな僕の欲求を察知したように、菜穂ネエは、僕の体の上で両手を着いて四つん這いになると、僕の目を覗きこんでいった。

「おっぱい吸いたかったら、吸ってもいいよ」

「うん、吸いたい、吸いたい」

僕は考えるよりも先に、そう答えていた。

すると、菜穂ネエは、腕を曲げて、僕の顔の上に、彼女のおっぱいの片方が来るようにしてくれた。

僕は魚がエサに食いつくように、目の前のウマそうな乳房にカブリついた。

「あはん」

それは、柔らかくて、舌触りがよくて、ほんとに気持ちいいものだった。赤ん坊のころの「口唇期的快感」というやつが、僕の本能の奥底から蘇ってきた。

僕は、本当の赤ん坊のように夢中になって、無心に彼女のおっぱいをしゃぶり、いじり、揉《も》んだ。

やがて、菜穂ネエは腕が疲れてきたのか、体勢を入れ替え、上下逆向きになって、シックスナインの格好になった。そして、彼女は、そのまま僕のペニスを口に咥えてしゃぶり始めた。

「ううっ」

一方、僕の前には、初めて目にする菜穂ネエの性器がすぐ眼前に迫っていた。

鮮やかなピンク色をした谷間がパックリと割れ目を開き、生物みたいな奇妙な形態の性器が、粘液にまみれてヒクヒクと動いていた。そして、その部分からは、少し酸っぱいような、不思議な匂いが漂ってくる。

僕は、その匂いにつられて首を持ち上げ、谷間に舌を這わせた。

「はうんっ」

菜穂ネエが一瞬、くぐもった声を洩らし、その体がピクッと震えたが、次の瞬間には、自分のほうからその部分を僕の口にこすりつけるようにしてきた。

そのため、僕は頭を上げなくてもよくなって、よりラクな姿勢でそこをしゃぶることができるようになった。

そこで僕は、夢中になって割れ目に舌を這わせ、唇みたいなラビアや襞の奥に隠れたヴァギナなどの形態と舌触りとを、心ゆくまで確かめ、味わった。

僕にそうしてしゃぶられていると、菜穂ネエも気持ちがいいらしく、さかんにくぐもった呻《うめ》きを洩らしながら腰を震わせる。ヴァギナからは、トロトロとした液体が溢《あふ》れ出して、僕の口の中に流れ込んだ。

だが、そのうち、興奮が募ってきたらしい菜穂ネエは、再び体勢を入れ替えて、

僕の前に赤く上気した顔を見せ、

「もうガマンできない。私の中に入れてもいいでしょ？」

と訊いた。僕は、迷わず頷いた。

これまでにも、菜穂ネエと自分が血縁関係にあることを意識しなかったわけではないけれど、それは、彼女に対する憧れや欲望を抑える役には立たなかった。

菜穂ネエは、僕の腰のあたりに跨《また》り中腰の格好になると、自分の涎《よだれ》にまみれた僕のペニスをつかみ、腰を少し落として、亀頭の先を自分の性器の割れ目にあてがった。そして、注意深く股間の感触を確かめながら、ゆっくりと腰を沈めていく。

下になっている僕のペニスも、柔らかく濡れて燃えるように熱い肉に包まれていくのを感じた。

「あうう、ううん」

菜穂ネエは、顎を突き出し、美しい顔を歪《ゆが》めて、自分の中に僕のペニスが入っていく感覚に耐えている。

ムリムリというかすかな抵抗感が、今本当に自分のペニスが彼女の肉を掻《か》き分けているのだという実感を与えてくれた。

やがて、僕のペニスがすっかり彼女の体の内部に埋め込まれ、二人の体が完全に合体を遂げると、菜穂ネエは、ホッと溜め息をついて、僕を見下ろし、少し上ずった声で言った。

「どう、盲腸は痛くない？」

僕が、「ぜんぜん大丈夫」と答えると、彼女は重ねて、こう訊いてきた。

「ねえ、優ちゃん、こうなって、うれしい？」

「もちろんだよ。オレ、前から菜穂ネエが好きだったんだ。どんな子とつきあっても、やっぱり菜穂ネエがいちばんだったよ」

それは本心だった。菜穂ネエこそが、いつでも僕のマドンナだったのだ。

「よかった、私もそうだったんだよ。甥に対してこんな感情抱くのなんて、ヘンだと思われるんじゃないかって心配してたんだけど、優ちゃんさえ、そう思ってくれてるなら、他の誰になんて言われてもいいもんね」

僕の気持ちを確かめて安心したのか、彼女は、すっかりリラックスした様子になって、ゆっくりと腰を上下させ始めた。

「はううっ、ううん」

よほど気持ちがいいのか、彼女は、目を閉じたまま、唇を半ば開いて白い歯を見せ、セクシーな声をあげる。

僕も、ペニスに加えられる快感に堪えつつ、彼女の動きに合わせて一生懸命腰を突き上げた。

「ははあーん、優ちゃん、感じる、感じるよぉっ」

菜穂ネエが悩ましい叫びをあげる。

「ううっ、オレも、オレも、感じるよっ」

菜穂ネエの動きが次第に激しくなり、それにつれて、彼女の口から発せられる声も、より大きさと色っぽさを増していった。

僕らのモノが結合している部分は、二人の体から洩れ出す潤滑液のためにトロトロになり、腰を動かすたびに、クチュックチュッという淫靡《いんび》な音を発している。

やがて、ペニスの奥に射精の前の、あのうずくような感覚を覚えはじめた僕は、慌てて彼女に訴えた。

「ああっ、菜穂ネエちゃん、オレ、イキそうだ」

すると、菜穂ネエは、それまでにも増して激しく腰をグラインドさせ、

「ああん、優ちゃん、もう少し待って……イクときは、いっしょよ、ひとりでイっちゃダメッ！」

と叫んだ。僕は、

「う、うん、わかった、頑張ってみる」

と答え、必死になって別のことを考えて気を紛らせようと努めてはみたものの、髪を振り乱し、大きな乳房を揺らしながら悶《もだ》える彼女の色っぽい姿を目にすると、意識はたちまち現実へと引き戻された。

忍耐の限界を感じた僕は、

「ああ、菜穂ネエ、ゴメン、オレ、もうダメだイク、イク」

と叫んで、菜穂ネエに危機を知らせた。

すると、そのとき、彼女が突然、大きく口を開けて、

「はあああーーっ、私も、イクッ、イクゥーーッ!」

と叫び、激しく体を震わせた。

次の瞬間、僕の尿道を駆け上った僕の精液は彼女の膣内にほとばしり、彼女の膣がキュウッと収縮して僕のペニスを強く締めつけた。

こうして、ついにめでたく合体を遂げ、快感を極めた僕らは、汗びっしょりになりながら、ぐったりと重なり合い、身も心も蕩《とろ》けるようなセックスの後の気だるい充足感を嚙《か》み締めたのだった。

エッチなマンガを万引きした少年の有り余る性欲を自らに向けさせて……

○樋口翔子（仮名）自営業・三十一歳

私の実家が営んでいる本屋も、昨今の大手チェーンに押され、改装することになりました。薄暗くてひなびた昔ながらの本屋なんて、いまどき流行りませんから。店内は明るく、床に座っても平気なくらい清潔。

もっとも、この改装に意欲を燃やしていたのは、私くらいのものでした。私の両親は、もう悠々自適で隠居を楽しむつもりで私たち夫婦とも別居していましたし、主人ももともとの勤めがありますから、事実上、お店は私一人に任されたような状態だったんです。

まあ実際に、お店を改装したからといって、それほどお客さんが増えるというようなこともありませんでした。けれどその数少ないお客さんの中に、彼がいたのです。

その子は顔立ちはまだ幼い感じだけれど、着ている制服で近くの高校に通う高校生だということがわかりました。いまどきの高校生のようにだらしないところがなくて、とてもしっかりしたいい子のようです。

でも、そんな外見とは裏腹に、彼が足繁《あししげ》く私のお店に通っては、決まってすることといえば、エッチなマンガの立ち読みなのです。年ごろの男の子を持っている親御さんなら、目にしたことがあるかもしれません。いわゆる成年コミックというジャンルのマンガなのですが、その内容を見て私はびっくりしました。

絵柄こそ、かわいらしいアニメチックなキャラクターなのに、そのかわいいキャラが、大人の私でも目を丸くするほどエッチな行為をさせられて、悦びに打ち震える様子が、ものすごくリアルに描かれているのです。

中にはストーリーに凝ったものもありますが、たいていは普通のリアルなエッチ本に勝るとも劣らない、どぎつい行為のオンパレードです。もちろん、これらは十八歳未満の人間に売ることはできません。

(でも、立ち読みする程度でいちいち目くじらを立てるのもねえ……それにして

も、あんなうぶな感じの男の子が、こんなものを読むなんて）

私もいい大人ですから、あの年ごろの少年がエッチな行為に興味を持つのは理解できます。エッチマンガを売ることはできなくても、まあ立ち読みするくらいなら大目に見てあげようかしら、と寛容に考えていたのです。

そうしている間も、彼は三日と日を空けずに店にやってきては、成年コミックを立ち読みしていました。いわゆるその類の本ばかりがおいてあるコーナーは、店の一番隅っこ。それらを選ぶお客への配慮ですが、そのために万引きの被害にあうことも多い場所なので、コーナーには万引き防止ミラーが設置されています。

カウンターにいる私からは、エッチマンガを立ち読みする彼が丸見えなのです。私はいつしか、真剣にエッチマンガを読みふける彼の姿を見つめては、なんだか自分もエッチな気分になっていくのを感じていたのです。

そんな、ある日のことでした。

いつものように彼は成年コミックを立ち読みしていたのですが、なにやら挙動が不審なのです。ふと気づくと、店内にお客さんは彼一人。彼はキョロキョロと周囲を見まわしてから、サッとカバンの中に一冊の成年コミックを滑り込ませたのです。

（あっ……！　あの子、やっちゃったわね）

ほかのお客は気にしても、ミラーで見ていた私にまでは気が回らなかったようです。私に万引きの現場を見られているとも知らず、彼はこそこそと足早に店を出て行こうとしました。

「ちょっと、キミ。会計のすんでないものがあるんじゃないの？」

背後から声をかけられた少年は、電気ショックでも受けたように飛び上がりました。振り返って私と向かい合った少年は背も高く、走って逃げられれば私にはどうすることもできなかったでしょう。でも、彼の目はすっかり怯《おび》え、私は少しかわいそうな気になりました。

「あ、あの……す、すみません、ボク」

彼は震える手でカバンから一冊のマンガ本を出して私に手渡しました。私は少し考えてから、彼から生徒手帳を取り上げました。ちょうど翌日は祭日で定休日だったので、生徒手帳を返す代わりに、ちょっぴりお説教してあげようと思ったのです。

そして翌日、主人は朝早くから会社の人とゴルフに行き、本屋もお休み。家には私一人きりです。少しドキドキしながら家にいると、昼過ぎ、彼が訪ねてきました。今日はいつものように制服ではなく普段着ですが、普段着もなかなかかっこいいと私は思いました。私は彼を店内に入れて、いつも彼が立ち読みしているコーナーに連れていきました。

表のシャッターは閉まっているから、静まり返った明るい店内には彼と私の二人きりです。私は成年コミックの棚から一冊を選ぶと、それと生徒手帳を彼に手渡してあげました。

「さ、これが欲しかったんでしょ。本当はこれは高校生のあなたには売ってはいけないの。だから、今回だけ特別に私からプレゼント。そのかわり、もう万引きなんかしてはだめよ」

彼は、最初きょとんとしていましたが、私がそれ以上万引きの件を咎《とが》めるつもりがないということを知ると、ほっとした顔になりました。それればかりか安心して気が緩んだのか、ちょっと目を潤ませているのです。

「警察にでも通報されると思った？　ところで……篤志《あつし》くんだっけ。あなた、いつもそんな本ばかり読んでいるの？」

私の言葉に彼は顔をかぁっと赤らめました。というのも、彼が万引きしようとしていた成年コミックは、人妻が若い少年に激しく犯されるというものだったからです。けれど、篤志くんは何かを決意したような顔で、私にこんなことを言ってきたのです。

「ボ、ボク、あなたみたいな年上の女性が好きなんです！　この店によく来るのも、あなたがいたからです。あなたみたいな人とセックスがしたいって、いつも思ってたんです！」

次の瞬間、私は彼の腕に強く抱きしめられていました。まさか、とは思いましたが、少年の大胆な行動に私は驚きました。でも、こんなかわいらしい男の子に憧れの目で見られていたなんて……私は体の奥がきゅんとうずくようでした。

「しょうがないわねぇ……でも、思い余って万引きしちゃうほど、性欲がたまっていたんですものね。いいわ、今日は特別におばさんが発散させてあげる」

「そんな、おばさんなんかじゃないです。クラスの女子なんかより、ずっときれいです」

高校生の男の子にそうまで言われれば、悪い気はしません。私は「翔子《しょうこ》さん」と呼んでもらうことにして、彼の手をとって胸に当てさせました。薄手のセーターの上から両手でもまれると、Dカップの私のおっぱいがくにゅくにゅとひしゃげます。

「そう、優しくよ……おっぱいの先で乳首が硬くなってきてるの、わかる？」

「わ、わかります。ああ、翔子さんの乳首……ちょ、直接触っていいですか」

「んふ、いいわ。それじゃ、ブラのホックをはずさなくちゃね……」

私は彼に背を向け、セーターをまくり上げました。彼はすぐにはホックをはずそうとせず、両手で私の腰を抱き、脇腹から乳房にかけてを優しくもみほぐしました。こういう愛撫もやっぱりエッチマンガから学ぶのかしら……と、私は不思議な気分になりました。

やがてホックがはずされ、私は立ったままの姿勢で背後から乳房をもまれました。改装したての明るい店内で、おっぱいをさらけ出しもまれている……その状況だけで、私は頭の芯がカッと熱くなるのを感じました。

しばらく、そうして彼の愛撫に身を任せていると、おしりに硬いモノが押し当てられていることに気づきました。そう、彼の股間のモノが、ズボンを破らんばかりに膨張しているのです。三十過ぎの私のおっぱいをもんで、高校生の彼が興奮しているのです。

最初はただ、このうぶな少年をからかい混じりに楽しませてあげるだけのつもりでした。けれど、セックスの悦びを知っている私の肉体は、思いがけず繊細な少年の愛撫に敏感に反応し始めていました。

「あふ……あ、あぅん……」

「翔子さん、か、感じてるんですか？」

思わず洩《も》れてしまったあえぎ声を、篤志くんは聞き逃しませんでした。背後から抱きしめた姿勢で、私の耳たぶに熱い息を吹きかけながら、彼の指がくりくりと乳房の先端を執拗《しつよう》に刺激し続けていました。

「おっぱい気持ちいい。ねえ、アソコも、オマ○コも触っていいのよ」

「いいのよ」などと言いながら、私は完全に彼の愛撫を求めていました。彼もそのことに気づいたのでしょう、息をますます荒げると、乱暴にスカートの中に手を突っ込んできました。あいにくと私はストッキングを穿《は》いていたのですが、彼はその上から指をねじ入れるように強引に、私の股間をこねまわし始めたのです。

「あっ！　ふぁ、うあぁあんっ！」

強烈な股間への刺激に、私の腰に電気が走りました。こんなことは主人とのセックスでも経験したことはありません。高校生の男の子と店内でいけないことをしているという意識が、私の体をいつもより敏感にしていたのでしょう。

私はたまらずに身を折り曲げ、その場に崩れ落ちました。そしてぺたりとひざを床につくと、彼の目の前で四つん這《ば》いの格好になってしまったのです。

「し、翔子さん……い、いいですよね」

振り返ると、篤志くんがベルトをカチャカチャと緩め、ペニスを取り出そうとしていました。私は無言のまま、スカートを自分でまくり、ストッキングとパンティをひざまで下ろしました。それは性欲のたまった少年を慰めるためではなく、明らかに私自身が彼のペニスを突き入れられることを望んだ末の行為でした。

「こ、ここかな……あれ……？」

彼は私のおしりを左右に大きく広げ、そこに腰を押しつけてきましたが、なかなかうまく挿入できませんでした。愛撫はうまくても、肝心の挿入に関してはエッチマンガだけでは学習できないようです。

そこで私はぺたりと顔を床につけ、おしりを高く突き上げた姿勢になると、足の間から手を伸ばして彼のモノを導いてあげました。いつも掃除を欠かさないタイルの床なので、顔をつけても不快な感じはなく、むしろひんやりとしたタイルの冷たさが、ほてった頬に心地よく感じられました。

「ここ、ここよ……少し斜め下に打ち込む感じで、きて……あうんっ！」

私は彼のいきり立ったモノに手を添え、膣の入り口にあてがいました。彼の目にはおしりをつんと突き上げた私の肛門まで丸見えになっているでしょうが、その恥ずかしさもまた、新たな興奮を誘いました。

そして、彼のペニスが、ぐ、ぐぐっとめり込んできたとき、私は思わず処女を失った若い娘のような、切ない声をあげてしまいました。

「う、うぁあ……きつい、です……翔子さん」

「ひぃ、ひぃい……おっきぃ……う、あぁ」

私のそこは通常よりも敏感になっていましたが、愛撫そのものはまだ少ししかされていなかったので、愛液が十分に分泌されてなかったのです。そのうえ、太くたくましい高校生のモノに一気に貫かれたので、私のそこはきしきしと悲鳴をあげてわななきました。

それでも、セックスに不慣れな少年はとにかくピストン運動に入ろうと、むやみに腰を振るい始めました。潤滑油不足の陰部をゴリゴリと強引にこすられ、私は生娘のように、ひいひいと悲鳴をあげました。

「うあ、うあんっ! だめ、もっとゆっくり……」

けれど、憧れの年上女性をバックで貫いた少年の欲望に、歯止めは効きませんでした。いつもはエッチなマンガを立ち読みして、心の中だけで私を犯していた少年は、本当に現実の私を四つん這いにさせ、バックでおチ○チンをねじ込んでいるのです。

「ああっ、ああ、ああ！　翔子さんっ、翔子さんのお、オマ○コが……ああ！」

しかし少年の優位はそう長くは続きませんでした。私の股間からは快感を示す愛液がどんどんと溢《あふ》れ出し、少年の若いペニスを優しく受けとめたのです。滑りがよくなった三十女の感触に、若さだけの高校生のペニスはあっけなく限界を超えてしまいました。

「あっ、でるっ！」

そのまま中出ししなかったのは、高校生にしてはなかなか賢明な判断だと思いました。もっとも、子どもを作る予定のない私は避妊対策もしていたのですが。ただ、彼はあわててペニスを抜き取っただけで、そのまま半裸の私の体めがけて精液をぶちまけてしまったのです。おかげでスカートもセーターもベトベトになってしまいました。

「あっ、ご、ごめんなさい……」

髪の毛にまで精液を飛ばされた私は、キッと彼をにらみましたが、それは精液をかけられたからではなく、まだ自分が満足していないからでした。私はさっき彼に手渡した成年コミックをサッと取り上げると、本の角を自分の股間にあてがい、彼の目の前で激しい自慰を始めたのです。

「し、翔子さん」

「もう少しで私もイキそうだったのに……それに、服も髪も汚れちゃったわ」

怒ったフリをする私の言葉に、彼は何度もすみませんと謝りました。私はくすくす笑いながら彼の目の前で大きく股を広げ、なおも本の角を股間にこすりつけて悶《もだ》えました。

「それに……私の中で、出してもよかったのよ……んっ……罰として、君にあげたこのエッチなマンガを、私のお汁でベタベタにしちゃうから」

もちろんコミックの角は、おチ○チンのように奥までは入れることはできません。それにペニスのような弾力もありませんが、角のとがった部分でクリトリスをこすると、ぴりぴりと鋭い快感が私を悶えさせました。

「はぁっ、ひぁ、うあぁー……ど、どう？　キミの立ち読みしていたエッチなマンガで、こんないやらしいことをしている私……」

「は、はい、すごく、すごくいやらしくて、すごくきれいです！」

床の上で体をのけぞらせ、エッチマンガを股間にこすりつけて悶える年上の人妻の姿に、彼は声をかすれさせて興奮していました。股間のモノはさっき射精したばかりなのにもう復活し、彼は私の恥ずかしい自慰姿を見ながら、それをすごい勢いでしごいていました。

（ああっ、あんなにしたらまた出ちゃう！　でも、このまま彼に見られながら、本の角でイッちゃいたい！）

私は本の角の硬さと、あの立派にそそり立ったおチ○チンの両方を味わいたいと思いました。そして股間に本を挟み込んだまま彼を招き寄せ、ペニスにしゃぶりついたのです。そして、人妻が犯されるという内容のエッチマンガ本の角でクリトリスを抉《えぐ》られながら、無我夢中で吸い上げたのです。

「ああ、だめです！　また、また出ちゃいます！　う……」

彼が切羽詰った声をあげ、私の後頭部を押さえつけた瞬間、私もものすごい快感の波に頭が真っ白になるのを覚えました。オマ○コに挟み込まれたコミック本の硬さを感じながら、私は彼のモノを含んだままヒクヒクと痙攣《けいれん》を繰り返しました。

そして、口に含んだ彼のモノの先端から、どろりと粘っこい精液が吹き出てきました。私はもちろん、それをすべて呑《の》み下しました。そういえば、主人の精液の味なんて、ずいぶん長いこと味わっていないわなどと、場違いな考えが頭をよぎりました。

それから私たちは、体中についた精液や愛液などを洗い流すため、一緒にお風呂に入りました。さっき、あんなにエッチなことをしたというのに、篤志くんはお風呂場で裸になるのをとても恥ずかしがりました。

私は精液まみれの自分の服も、彼の下着と一緒に洗濯機に放り込み、まるで小さな子どもの服を脱がすみたいに彼を裸に剝《む》いてしまいました。本当を言うと、裸を見られて恥ずかしいと思っていたのは、私のほうです。だって、若くてたくましい彼の体に比べて、三十過ぎの私の体なんて、本当におばさんなんですもの。

でも、彼は私の全裸姿を見ると、目を輝かせて、またまたアソコを硬く大きくさせたのです。そうして当然のようにお風呂場で第三ラウンドに入りました。彼も私も達した後だから、最初のように余裕なくがっつくこともありませんでした。

私は石鹼の泡をいっぱい作り、自分の体に塗りつけました。そして浴室のタイルに彼をあおむけに寝かせると、自分の体を使って彼を洗うようにしたのです。

彼は初めての体験に目を丸くしていました。

「あぁ、すごいや、すごく気持ちいいです。ねえ、翔子さん。あの、旦那さんにもこういうことをしてるんですか？」

「えっ、バカねえ。こんな恥ずかしいこと、自分からするのなんて初めてよ。さっきみたいに、見られながらオナニーしたのも初めて……だから、なんだか興奮しちゃったわ」

「それじゃあ、ボクが初めて翔子さんのオナニーを見た男なんだね。それって、すごくうれしいです！」

彼は私の体を抱きしめ、熱烈なキスをしてきました。生意気に、舌を絡めてくる濃厚なキスです。私も負けじと彼の舌を吸い、唾液を呑み、足を絡めてせがみました。

「ねえ、今度はオマ○コの中にちょうだい。あなたの精液をたっぷり……」

私が彼に馬乗りになって腰を沈めると、彼のモノはヌルリと簡単に入ってしまいました。それは石鹸のぬめりのせいではなく、たっぷりと分泌された愛液のおかげでした。私はまず根元まで彼のモノを呑み込み、その感触を楽しみました。

「だめ、おとなしくしてなさい。今度は私にリードさせなさい」

篤志くんは私の腰を押さえつけ、真下からピストンしたそうにしていましたが、私はそれを制しました。それからは一方的に私が主導権を握り、彼を翻弄したのです。長年の経験で、男性がイキそうになる気配はすぐにわかります。

彼が射精しそうになるとすかさず動きを止め、それがおさまってから、またペニスをこすり上げるのです。経験豊富な熟女でなければなしえないこの焦らしテクニックに、少年はなすすべもなく悶え苦しみました。

「あぁーっ、もう、もう出させて！　出したいよ！　翔子さんに、いますぐ射精したいよ！」

彼は命綱のように私の二の腕をつかみ、訴えました。私は自分のペースで動いているので、すでに軽いエクスタシーに何度も達しているのに、彼のほうは射精するぎりぎり手前ではぐらかされるというのを、もう数十分もされているのです。

今にも泣き出すんじゃないかという少年の姿を見ていると、ちょっぴりかわいそうな気になった私は、体を前に倒し、彼の体をきゅっと抱きしめました。そして耳元でこうささやきました。

「いいわ、出させてあげる。思う存分、突きまくって」

その言葉を合図に、彼はものすごい勢いで腰を突き上げてきました。腰を、というよりも体全体を弓なりにそらせるほどの勢いで、今までさんざん焦らされたぶんを取り戻すように激しく責めてきました。

「あっ、あ、あ、いいっ、いいわ！　ああ、すごい、すごい……！」

「ああ翔子さん、しょうこさん翔子さんーっ！」

焦らされすぎて神経が麻痺《まひ》していたのか、篤志くんはかなり長い間私を突きまくりました。私はその間も再び激しいエクスタシーに身を震わせ、彼が熱いしぶきを私の中にほとばしらせたときは、彼と同時にイッてしまったほどでした。

それから私たちはぐったりした体でお風呂から上がると、彼は洗い立ての下着を身につけて帰っていきました。そうそう、このとき、私がオナニーに使用したあの成年コミックも、彼はしっかり持って帰ったんですよ。

「だって、翔子さんのオマ○コ汁が染みてる、貴重な一冊だもの」

などと言って、私はうれしいやら恥ずかしいやらでした。

こうして、高校生と淫らな関係を持ってしまった私は、それからも篤志くんと関係を持ち続けています。ふだんはいつものように立ち読みしに来るだけですが、お客がほかにいないときは、倉庫に彼を連れ込んで、こっそりフェラチオをしてあげたりするのです。

一度などは、店内でおしゃぶりしたこともあります。あのときは、いつほかのお客が入ってくるかもしれないので、本当にドキドキしました。でも、そのスリル感がたまらないのか、私も夢中になって舐《な》めまくるので、意外と早く射精してしまうんです。

でも、本当に二人がゆっくりと楽しめるのは、やはりお店が休みで、主人もいないときです。彼を招き入れた私は、まるで長い間会えなかった恋人に接するように、自分から積極的に年下の少年に奉仕するのです。

彼も、こういうときはたっぷりと時間が取れることがわかっているのか、悠然と私にしゃぶらせながら、私の股間に指を這い進めてくるのです。もともと、愛撫は繊細で上手だった彼のこと、私が何度か手ほどきしてやると、たちまち私好みのテクニックを身につけ、指だけで私をイカせるほどの腕前になったのです。

「あぁーん。だめぇ、イッちゃうわ……お願い、おチ○チンでイカせて」

そうおねだりしても、彼は聞いてくれません。ひとしきり、私をエクスタシーに押し上げてから、腰をひくつかせる私の唇にぐいぐいとペニスをねじ込んできて、最初の濃厚な汁を私に呑ませるのです。

時にはあまりに激しく喉奥を突かれて、私がむせ返ったりすると、よけいに興奮するようです。人妻をいいようにもてあそんでいる感じが興奮するみたいです。

でも、そうやって一発目を出した後は、とても優しく愛撫してくれます。むしろさっきまでの激しさがうそのように、私の胸に顔をすり寄せ、母親に甘える子どものような顔つきになってしまうのです。

私には子どもがいませんが、息子ができたらこんな感じなのかしらと思い、よけいに彼のことを愛しく思ってしまいます。

もちろん、こんなに大きな息子は私にはいませんし、ただの息子が母親の乳房を吸いながら、こんなにおチ〇チンを大きくさせることもありません。いってみれば私にとって篤志くんは、息子と恋人のいいところだけを兼ね備えたような存在なのでしょう。

そして、私は再び大きく勃起した彼のペニスで深々と貫かれ、悦びの声をあげてしまうのです。誰にも内緒の、高校生の少年とのいけない関係……これは間違いなく主人に対する裏切りですし、倫理的にも許されることではないと思います。

けれど、篤志くんは私のような年上の人妻の体で満足し、悦んでくれている。そして私自身も彼の若々しい体に抱かれ、貫かれることで、女としての満足を得ているのです。誰にも知られないよう、ずっとこの関係を続けていきたいと思っています。

甥の恥ずかしい場面を目撃してしまった私はいけない妄想にとらわれた挙げ句——

○植田絵美（仮名）主婦・三十八歳

甥《おい》の雅治《まさはる》がマスターベーションしている姿をのぞき見てしまったときは、ほんとにビックリしました。さっきまで無邪気でかわいい笑顔を見せていた雅治の中に、こんなにも猛々《たけだけ》しいオスの欲望が隠されていたなんて……。

それはある夏、三年ぶりに雅治と顔を合わせた次の日の出来事でした。

八月に入って一週間が過ぎたころ、私は四歳と二歳になる子供を連れて実家に帰省しました。夫はちょうど夏休みの時期に海外出張が重なり、八月の後半にならないと休暇がとれないため、後から単身、帰省することになっていました。

実家は、父と姉夫婦と、一人息子の雅治の四人暮らしです。姉夫婦は二人とも市役所に勤めているため、雅治の世話は幼いころから父と母の仕事でした。その母を二年前に亡くし、ずっと落ち込んでいた父も、幼い孫の顔を見て久しぶりに気が晴れたのでしょう。帰省した日から二人を連れ回し、その日も朝から児童遊園地へ連れて行ってくれました。

父が孫の世話係を買って出てくれたことで、育児から解放された私は、生まれ育った実家の居間で思いっきり自由な時間を過ごしていました。姉夫婦は仕事に出かけているので、誰にも遠慮する必要はありません。ときどき、雅治が二階から降りてくるけど、就職のために上京するまで実家で暮らしていた私にとって、雅治は年の離れた弟のようなものです。キャミソールにショートパンツというラフな格好を見られても、気にする必要はない相手だと思っていました。

通りがかりに居間をのぞいた雅治も、私をからかうように声をかけました。

「なんかすっげーだらしないカッコしてんじゃん、エミちゃん。主婦失格じゃねー」

そんな親しげな言葉を聞いていると、お互い、昔のままの関係が今もそのまま続いていると感じられて、とても心休まる気がしました。

ところが、雅治は私が思っているほど子どもではなかったのです。

居間で一時間ばかりゴロゴロして過ごしてから、雅治の部屋におやつと麦茶を運んで行ってあげたときのことです。

雅治は午前中に宿題を済ませ、午後からは友だちとプールに行くことになっていました。

お盆にお菓子と冷えた麦茶をのせて階段を上っていくと、部屋の戸が少しあいているのが見えました。昔、私がその部屋を使っていたころも、風通しをよくするために夏は戸をあけていたものです。CDを聞きながら勉強しているらしく、チャゲアスや米米CLUBの曲が聞こえてきます。昔も今も変わらないのね……自分の中学時代を懐かしく思いながら、戸の隙間から部屋の中をのぞき込みました。声をかける前に、雅治が勉強している姿をそっと見てみようと思ったのです。

ところが、机の前には誰も座っていませんでした。雅治の姿は、ベッドの上にあったのです。しかも下半身を露《あらわ》にした格好で……彼がそこで何をしているのか、私にも一目でわかりました。雅治はズボンとトランクスを足首まで下ろし、膝を左右に開いた状態で壁にもたれて座っていました。少しアゴを突き出すようにして目をつむり、右手をせわしなく動かしています。その右手には若々しいおち〇ちんが握られています。股の間にさし込まれた左手は、右手の動きに連動して袋をもんでいるようです。

気が動転して、お盆をひっくり返してしまいそうになりました。

でも、すぐにその場から立ち去ることもできずにいました。見てはいけないと思いながらも、目が離せずにいたのです。

雅治のおち○ちんを見たのは、八年ぶりくらいでしょうか。まだ幼稚園に通っているころにはよく一緒にお風呂に入っていました。形も大きさもそのころとはまるで別物ですが、勃起すると自然に皮が剝《む》けるのは、小さいころから同じです。あのころは、皮が突っ張ってよく痛がっていたものですが、今はそれを楽しむようにして剝き出しになった頭のまわりを指でいじったりしています。

閉じたまぶたがときどきピクンッと震えたり、眉間《みけん》にシワが寄ったりするのは、気持ちのいい証拠なのでしょう。おち○ちんを握りしめた右手が緩急をつけた動きを繰り返しています。そして、それが急激にスピードを上げ、その状態がしばらく続いたかと思うと、

「あっ、う、うぅぅっ……はぁっ、はぁ」

苦しそうにうめいたかと思うと、わきに置いてあったティッシュの箱から左手で素早く三、四枚のティッシュを抜き取り、おち○ちんの上に被《かぶ》せました。

それが射精の瞬間だということは、私にもわかりました。

顔を上に向けてゆっくりと首を横に振り、ティッシュでくるんだおち○ちんを両手で静かにしごいている姿は、とも気持ちよさそうです。

はぁぁーっ、と大きなため息をつくと、雅治は精液のたまったティッシュを丸めてゴミ箱に投げ入れました。

私たちの前では何も知らないような顔をしている雅治が、こっそりそんな習慣を身につけていたなんて、とてもショックでした。でも、もっとショックだったのは、雅治のマスターベーションが一回で終わらなかったことです。少し萎えかけたおち○ちんを激しく左右に振ってしごいているうちに、すぐに元の姿に回復していました。

これ以上は見ていられない……雅治に気づかれる前に、そっとその場を後にしました。

台所のテーブルにお盆を置くと、私は崩れ落ちるようにして椅子に腰かけ、いま見てきたことを頭の中で整理しようと努めました。

雅治ももう中学生なんだし、あの年ごろの男の子がマスターベーションに夢中になるのは仕方がないことかもしれません。大人はそれを見て見ぬふりをするべきなのかもしれません……それを叱ることはできないし、ましてや姉に告げ口することもできません。いつまでも彼を子どもだと思っていた私の考えが間違っていたのでしょう。それにしても……とりあえず結論は出たけど、私の気持ちはそれですっきりしたわけではありません。

何より脳裏にこびりついて離れないのが、雅治の右手に握られていたおち○ちんの大きさです。一緒にお風呂に入っていたころは、あんなに小さくてかわいらしかったものが、いつの間にかほとんど大人と変わらないくらい立派になっていたのです。しかも、一回射精しても、すぐにまた回復して二回目を始めるなんて……雅治のおち○ちんを思い出しているうちに、私はうっとりとした気分になっていました。

気づいたときには指がひとりでに動いて、キャミソールの上から乳首をもてあそんでいました。トロけるような快感が広がり、徐々に下半身へ流れ落ちていきます。

手を伸ばしてショートパンツの上からアソコに触れると、そこはすでに熱を帯びていました。軽くこすると、締めつけられるような快感がわき上がり、体の芯が燃え上がります。

あぁ、こんなことしていたら、雅治を咎《とが》めることなんかできないじゃない……そう思いながらも、指の動きを止めることはできません。親指と人差し指ではさんだ乳首はすっかり硬くなって立ち上がり、アソコはジンジンとうずいています。

もう我慢できない……ショートパンツの裾に指を潜り込ませ、熱くほてったアソコをいじり始めた私の耳に、階段を勢いよく降りてくる足音が聞こえました。

「エミちゃん、何か食べるものない？」

台所に雅治が駆け込んできました。あと一秒、気づくのが遅かったら、今度は逆にはずかしい姿を目撃されるところでした。ドキドキする胸の鼓動を鎮めるために、お盆にのせたコップの麦茶を一気に飲み干しました。

「なんだよ、エミちゃん、自分だけ食べてんのかよ」

お盆の上のお菓子に気づいた雅治は、おどけるように言いながら、右手でお菓子をつまんで口に放り込みました。

あの手で二回もしたのに……私の気持ちなど知るはずもなく、雅治は手も洗わずお菓子をつまみ、ポリポリと音を立てて食べまくります。

「ごめんね、いま、おやつを持って行こうと思ってたんだけど、ボーッとしちゃって……」

自分の指でいじっていたときの余韻も残っていました。頬《ほお》もなんとなく上気しているような気がします。それを雅治に見られないように、椅子から立ち上がるとすぐに彼に背を向けました。食器棚からコップを取り出し、そこに麦茶を注いでいる間、気のせいか背中に雅治の視線が突き刺さっているような気がしました。ドキドキしながら振り返ると、雅治はそしらぬ顔をしてお菓子をパクついています。

私はショートパンツの中に入れていた指で氷を一個つまみ上げ、麦茶の中に入れました。

雅治は麦茶を飲みながらお菓子を全部平らげると、

「あー、おいしかった！　よし、じゃあまた宿題してくるか！」

無邪気な笑顔を見せながら、二階に上がって行きました。足音が一番上まで上がり切るのを待ってから、私は椅子に腰を下ろし、ふぅーっと深いため息をつきました。

緊張感から解放されてほっとひと息ついていると、またマスターベーションする雅治の姿を思い出していました。

今まで目の前にいた雅治はどこから見ても幼い少年なのに、その笑顔の裏には旺盛な性欲をみなぎらせたオスの本性が隠されている……うれしそうにお菓子を口に放り込む姿と、せわしなく右手を動かして快楽に耽《ふけ》る姿が、かわるがわる目の前に現れるのです。

これから雅治と話をするとき、私はどんな顔をすればいいのでしょう。彼が何を言っても、何をしても、それは私の中では勃起したおち○ちんをしごいてうめき声を洩《も》らすあのときの光景と結びついてしまうことでしょう。

それにしても、あのとき、雅治は何を思いながら右手を動かしていたのかしら……まぶたをピクピクと震わせるほど興奮をかきたてるものって……アイドルタレントのヌードかしら……それとも同級生の女のコ？　……それとも……あれこれ思いつくままに挙げていくうちに、ついさっきここで麦茶を入れているときに背中に視線を感じたことを思い出しました。

まさか……そんな……雅治が頭の中で思い描いていたのは私のこと？　……キャミソールにショートパンツという露出の多い格好が、年ごろの雅治にとっては挑発的に感じられたのかしら……視線を感じたのは気のせいではなく、本当に雅治が私の体を見つめていたのだとしたら……。

そんなことを考えているうちに、父と子どもたちが帰ってくる時間になっていました。

モヤモヤした気持ちをなんとか振り払って、ようやく私は重い腰を上げました。

そんなことがあってから、何かにつけて雅治のことを意識するようになりました。

その日の午後、プールから帰ってきた雅治が子どもたちと庭で遊んでいるときにも、つい雅治の体に視線を注いでいました。

それまで私の視線は常に子どもたちに向けられていました。公園でほかの子どもたちと遊んでいるときも、私の目に映るのはかわいいわが子たちだけです。ほかの子どもたちは、単なる風景の一部にすぎません。それが親になった者として自然なことだと思ってました。

ところが今はその子どもたちまでもが風景の一部となり、かわりに雅治の肉体だけに焦点が合っているのです。時には、彼の下半身を食い入るように見つめていることもありました。

その一方で、雅治からの視線も強く意識するようになりました。

実家でのんびりできるという気安さから、ラフな服装をしていたのですが、そんな私の気の弛《ゆる》みが思春期にさしかかった雅治を刺激したのかもしれないと反省して、さっそくキャミソールの上には半袖のブラウスを羽織り、パンツもショートからロングにかえて、肌の露出を抑えた格好に切り替えました。

それでもときどき、熱い視線が私の体に注がれているのを感じました。自意識過剰になっているのでは、と思うこともありましたが、昼食から夕食までの数時間の間にも実際に何度か、私が振り向くと雅治が慌てて目をそらすという場面がありました。

そしてその視線を感じるたびに、体の奥がわずかながらもうずいてしまうのです。

肌の露出を少なくして雅治の視線から身を守るようなふりをしながらも、心の底では見られることを楽しんでいたのかもしれません。

夜、子どもたちと並んで床について目を閉じると、マスターベーションをする雅治の姿がまぶたの裏に鮮やかに甦《よみがえ》ってきました。

今夜も、雅治は部屋でこっそり自分のものをしごいているのかしら……そんなことを考え始めると、次から次へといやらしい妄想が浮かんできました。

今日はたっぷり私の体を盗み見ていたから、今ごろ、それを思い出しておち○ちんはものすごく勃起してるのかな……雅治の想像の世界で、私は服を剝《は》ぎ取られ、バストもアソコも露になった姿で犯されるのかしら……私の体に挿入されるのは、猛々しく勃起した雅治のおち○ちん……あぁ、あんなに大きくなっちゃって……きっとドクドクと元気に脈打っているんだわ……出しても出してもすぐに勃起してしまうのね……若いってすごい……精力がみなぎってる……あぁ、欲しくなっちゃう……私の体にぶち込んで……思いっきり突いてほしい……。

いつの間にかパジャマの中に指を入れて、クリトリスをいじり回していました。昼間、さんざんうずいていたのに中途半端なまま放っておかれた肉体は、スポンジが水を吸い込むように、その刺激を体の隅々へと伝え、たちまち意識が飛んでしまいそうなくらい興奮していました。

イク寸前に私が思い描いたのは、雅治のおち○ちんが私の中で暴れ回り、今にも弾けそうなくらい膨張している光景でした。

あぁぁ、メチャクチャに突いて……熱い精液を思いっきりぶちまけて……心の中で叫びながら、クリトリスを激しくこすり回していると、風船がパンッと破裂するように、突然絶頂がやってきました。

下半身がピクンッ、ピクンッと痙攣《けいれん》します。

クリトリスをとらえていた指をさらに奥へ進めると、熱く湿ったワレメが淫らな唇を開いていました。そこに指先を押し当てると、ツルンッと滑るように飲み込まれます。

試しに指を動かすと、クチュッ、クチュッと蜜をかき回す音が暗い部屋に響きました。それ以上続けると、自分でも抑えられないくらいエスカレートしてしまいそうな気がして、第二関節まで挿入していた指を引き抜き、パジャマの裾で拭き取りました。

それでも十分、私の体は満たされました。

それから数日の間、二人の幼い子どもが寝ている横で、こっそり自分の指で慰める夜が続きました。

想像の世界の中で、雅治はひたすら私の肉体を犯し続けます。私は実の甥と肉体関係を持つことに強い抵抗を感じ、はじめは雅治の求めを拒絶します。しかし、半ば強引に足を開かれ、ドクドクと脈打つおち○ちんで貫かれると、もはや抵抗する気力も消えうせ、やがて彼の体にしがみついて絶頂を迎えるのです。私がイッてもなお、雅治は何度も何度も私の中で弾け、若々しい精液が尽きるまで動き続ける……そんな妄想に浸りながら指を使っていると、手足の先までビリビリとしびれるような快感が駆け抜け、やがて絶頂感が訪れるのです。

しかし、そんな夜を何日も過ごしているうちに、次第に物足りなさを感じるようになりました。想像によって火をつけられた興奮が、自分の指だけでは収まらないところまで高まってしまったのです。

モヤモヤして寝つかれない夜を過ごした翌日、私はとうとうある決意をしました。

その日、子どもたちは父が朝から動物園に連れて行くことになっていました。雅治はここ数日、毎晩夜更かしをしているらしく、子どもたちが出かけてもまだ起きてきません。明日からは姉夫婦が夏休みに入るので、雅治と二人っきりになれるのはこの日が最後のチャンスでした。

私は胸の高鳴りを抑えつつ、朝食の後片づけを済ませ、それから肌の露出を減らすために羽織っていたブラウスを脱いで、キャミソールとショートパンツという刺激的な服装に着替えました。

キャミソールの下はノーブラです。薄い生地が肌にピッタリ貼《は》りつき、バストはもちろん、乳首の形まできれいに浮き上がって見えます。緊張感からか、乳首はすでに二つとも硬くとがっていました。

階段の下で少しためらってから、意をけっして二階へ上がって行きました。

雅治の部屋の戸をトントンと軽くノックして、返事がないのを確かめてからそっと戸をあけ、中の様子をうかがいました。雅治は、Tシャツに半ズボンのトレーニングパンツという格好で、夏用の薄い毛布にしがみつくようにして眠っています。

ベッドの横に置かれたゴミ箱の中には、テニスボールくらいの大きさに丸められたティッシュがいくつも捨てられていました。

「マーくん、いつまで寝てるの。起きる時間よ」

ベッドに腰かけ、小さいころからの呼び名を口にしながら、肩に手をかけました。二、三度揺すると、雅治がぼんやりとした顔をして目を開きます。

しかし、そこにいるのが私だとわかると、ハッとした顔で起き上がりました。

「どうしたの？　なんでエミちゃんがいるんだよ」

寝ぼけ眼をこすりながらも、その視線はキャミソールの胸をさまよっています。

「ここんとこ、毎晩遅くまで起きてるみたいね。何してるの？」

キャミソールの奥まで見えるように、わざと前かがみになって雅治の顔をのぞき込みました。

「何って、別に……宿題とか……まぁ、いろいろだよ」

まだ目が覚めていないようなふりをしながら、雅治はチラッ、チラッと私の胸元に視線を走らせています。

「いろいろって、こういうことも？」

いきなり股間に手のひらを押し当て、トレーニングパンツの上から軽く撫《な》で回してみました。

「な、何すんだよ……エミちゃん……あっ、ダメだって……やめろってば」

最初はビックリしていたけど、すぐに雰囲気を察したようです。ゴミ箱がティッシュであふれ返るくらいマスターベーションしている男の子が、女性に触られてイヤがるはずがありません。

すぐにドクドクと脈打つ感じが伝わってきました。

「マーくんももう中学生だから、自分でしてるんでしょ？」

雅治が傷つくといけないので、マスターベーションしている現場を目撃したことは言わずに、その質問にもあえて答えを求めないまま、大きくなったおち○ちんの形を指でなぞりながら、元気に跳ね回るおち○ちんの感触を楽しみました。

「女の人とエッチしてみたい？」

と訊《たず》ねると、しばらく躊躇《ちゆうちよ》した後、雅治ははずかしそうにうなずきました。

おち○ちんをこんなに大きく勃起させていても、私の前ではやっぱり小さいころと同じマーくんなんだ……トレーニングパンツを下ろすときもトランクスを脱がせるときも、雅治は腰を浮かせて私のなすがままに身を任せていました。

「口でしてあげるね」と言いながら、包皮の剝けたおち○ちんを口に含むと、甘酸っぱい香りが広がります。

ゆっくり飲み込んでいくと、根元まですっぽりと入ってしまいました。柔らかい陰毛に顔をくっつけたまま、しばらく喉《のど》を震わせていると、

「あっ、エミちゃん、出る！　ごめん、出ちゃうッ」

雅治が苦しそうにうめきました。そのまま射精されると喉につまるような気がしたので、少し顔を離して吸い込むようにすると、口の奥のほうへ生温かい精液が一気にほとばしり出てきました。それはまさに若葉の香りそのものです。

おち○ちんの震えが収まってから、精液がこぼれないように唇を締めたまま顔を上げ、興奮した目で私を見つめる雅治の顔を眺めながら、唾液と一緒にごくりと喉を鳴らして飲み干しました。

「気持ちよかった？」

と訊ねると、雅治は何かにとり憑《つ》かれたように何度も首を縦に振りました。

「きれいにしてあげるね」と言いながら股間に手を伸ばすと、射精直後のおち○ちんはさすがに少し柔らかくなりかけていました。

しかし、先っぽのワレメからにじみ出す精液の残りを味わうようにして舐め回し、そこから徐々に根元のほうへ舌を這わせているうちに、すぐにまた元の硬さを取り戻して、猛々しい姿を露にしました。

ほんとに元気がいいのね……どこからこんなエネルギーがわき上がってくるのかしら……あぁ、すごい、早く、早く……私の体を突き刺してッ……雅治の指はまだ一度も体に触れていないのに、私は叫び出したいくらい興奮していました。

「もう我慢できない！　マーくん、そのまま動かないでね」

雅治をあお向けに寝かせ、ショートパンツとショーツをまとめて脱ぎ捨てると、飛び乗るようにしておち○ちんの上に跨りました。角度を垂直にして腰を落とすと、狙いどおりにおち○ちんを迎え入れることができました。

「あっ、すごいッ、すごくいい～……はぁ、あうっ、イヤッ、すごぃいの！」

何日も頭の中で思い描いていたおち○ちんが、ようやく私の体に入ってきたのです。こうして結合する光景を想像しながら、私は今まで何度も自分の指で慰めてきたのです。

夢中で腰を振り、おち○ちんに貫かれる喜びを感じていました。少し腰の位置をズラしてクリトリスが当たるようにすると、さらに快感が高まります。両足で踏んばり、中腰の体勢でお尻ごと打ちつけるようにして上下させると、おち○ちんの食い込む感じが一層強まりました。

雅治はじっと目を閉じ、こみ上げる快感に必死で耐えているようです。ときどきまぶたがピクッ、ピクッと震えます。

「マーくん、触ってもいいのよ。エミちゃんのおっぱい、見たいんでしょ？」

声をかけるとすぐに雅治が上体を起こし、キャミソールの薄い生地ごと乳房を鷲づかみにしました。荒々しい指の動きに、私の体は敏感に反応してしまいます。

「はぁぁん、すごくいいッ、マーくん、いいよ、すごぉい！」

いつの間にかキャミソールはめくれ上がり、雅治が乳首に吸いついています。そこからジンジンと広がる快感と、おち○ちんに貫かれた下半身から突き上げてくる興奮が私の体の中で激しくぶつかり合っていました。

「うっ、あっ、エミちゃん、また出ちゃうよ！　ごめん、もうダメだ！」

雅治が急にうめき声を洩らしました。若いから回復も早いかわりに、持続力はないのでしょう。

「いいよ、中でイッて！　マーくん、いっぱい出していいからね」

その言葉で安心したのか、雅治は力いっぱい私にしがみついたまま、二度目の射精に達しました。体の中でおち○ちんがドクンッ、ドクンッと脈打ち、熱いものが弾けているのがわかりました。

「マーくんは若いから、まだできるでしょ？　ねぇ、締まってるのわかる？」

あお向けに身を投げ出して射精の余韻に浸る雅治の姿を眺めながら、ゆっくりと腰を動かしていると、不意にものすごい絶頂感がわき上がってきました。

「あっ、イヤッ、すごい！　はぁぁ、イッちゃう！　すごぉいッ」

ほんの数秒の間、腰を揺すっただけでエクスタシーに達してしまいました。

雅治の上に倒れ込んでからもしばらくは、腰の痙攣が止まりません。柔らかい唇や頬にキスすると、それだけで頭の後ろがしびれてしまいます。

ようやく絶頂感が引いていくころには、雅治はまた元気に回復していました。

私はいったん腰を離し、おち○ちんにまつわりつく粘液をティッシュできれいに拭《ぬぐ》い取ってから、正常位の体勢で迎え入れました。

それから雅治は私の中で三回、口でさらに一回射精して、シャワーを浴びている間にも元気になって、お風呂場で立ったまま後ろから貫き、最後の射精を注ぎ込みました。ほんとはもっとやりたそうな顔をしていましたが、父と子どもたちが帰ってくる時間だったので、雅治はもの惜しそうな顔をして二階に上がって行きました。

翌日からは姉夫婦も夏休みに入り、雅治と二人っきりになるチャンスはなくなりました。私ははじめからたった一度きりと決めていたので、それからは子どもたちと一緒に遊びに行ったり散歩をしたり昼寝をしたりして、のんびりと休暇を楽しみました。

そのかわり、欲望をみなぎらせた目で私の体を見つめる雅治の視線を感じたときには、あえて気づかぬふりをして、好きなだけ見せてあげるようにしました。わざと露出の多い服装をして、肌を見せるときもありました。

姉夫婦の夏休みが終わると、ちょうど入れかわりに、海外出張から帰国した夫が少し遅い夏休みをとってやってきたので、ほんとにあれっきり、雅治との関係はひと夏の思い出となったのでした。

三十路で初めて女の悦びに目覚め大人の女の魅力をアピールして年上男性と

○松浦ひとみ（仮名）ＯＬ・三十三歳

女子大生デビューとかＯＬデビューという言葉は聞いたことありますが、私の場合はなんというのでしょうか。

十代のころも二十代のころも、ほとんど男性にモテたという経験がありません。恋愛の経験もあまりないし、もちろん三十三歳になったいまも独身です。こうやって男性とは縁のないまま独身で過ごすのかなと思っていました。そんな私の生活が大きく変わったのは、ここ一、二年のことです。三十路《みそじ》デビューとでもいうのでしょうか。私、生まれて初めて「モテる」ということを経験してるんです。

きっかけは上司からの誘いでした。といっても、デートとかそういうのではありません。ある接待の席にいっしょに来るように言われただけです。接待のサポートをするだけの役割で、あくまでも仕事の延長でした。もちろん、なぜ私が指名されたんだろうと不思議に思ったのですが、あとになって、

「相手は年配だし、若い娘では相手にならないと思って、きみに来てもらったんだよ」

と説明されて、なんとなく納得しました。その上司は私のことを、若い女子社員と違ってでしゃばり過ぎず、かといって控えめというわけでもなく、仕事の話も趣味の話もできるし、気配りもできるし、とても満足だったと褒めてくれ、接待したお得意さんも喜んでくださったようです。「またよろしく頼むよ」と言われて、私もひさしぶりにいい気持ちでした。

三十路過ぎれば、会社ではなんとなく居心地悪いことが多いし、かといって、一応経験も長いので仕事ではそれなりの結果を出さなければならないプレッシャーもあるしで、あまりいいことはありません。「オールドミス」なんてカビの生えた言葉で陰口たたくような人はいませんが、でも、そろそろ後進に席をゆずってあげてもいいんじゃないの？　みたいな無言の圧力を感じることも少なくありません。ましてや、女性としての魅力に自信がない私です。会社のお荷物になら

ないようにひっそりしていよう、なんて、つい引っ込み思案になりがちな毎日を送っていました。

そんなときの、その上司の言葉は、私の気持ちをひさびさに晴れ晴れした気分にしてくれたのです。

三十路を過ぎても、そんなふうに言ってくれる人がいる、三十路を過ぎたからこその女性としての魅力をちゃんと受け止めてくれる人もいるんだ。そう思うと、なんだか明るく前向きな気分になったんです。その上司には心から感謝しました。

でも、その上司の言葉はそれだけではありませんでした。なにげなくこう付け加えてくれたんです。「余計なことかもしれないが」と前置きし、

「きみのように本当の女性としての魅力を持った人なら、さぞかし男性からの誘いも多いだろう。私も結婚していなければ、誘いたいところだよ」

私に女性としての魅力？　十代のころにも二十代のころにも言われたことのない言葉です。ちょっと驚きました。

そうか、世の中には三十路過ぎた私をそんなふうに見てくれる人もいるんだ。

その夜、自分の部屋の鏡の前であらためて自分の顔を眺めました。とりたてて美人というわけではありません。でも、それほど悪いわけでもないと思いました。

自分に自信がなかったからいままでほとんど恋愛に縁がなかったけど、でもいまなら、以前にはなかった新しい魅力が出てきたような気もします。鏡の中の自分に、なんとなく見とれている私がいました。

考えてみれば、テレビや映画で活躍している女優さんの中には、三十路過ぎてもステキな人、たくさん恋愛をしている人は大勢います。三十路を過ぎたから人生おしまい、などというわけはありません。これからが本当の女性の魅力で勝負できる時期。そんなふうに考えたら、なんだか心も体もスーッと軽くなりました。そして私、決めたんです。もっと人生を楽しもう、いまが自分のデビューだと思って前向きに男性と接することにしようって。

といっても、すぐに相手が見つかるわけもありません。その日以来、化粧のしかたを変え、着るものにも気を遣うようにしました。といっても若い子に対抗するのではなく、三十路の女の魅力をアピールするようにしたのです。でも、周囲が私を見る目がすこし変わったぐらいでは、すぐに恋人があらわれるはずもありませんでした。

そこで思いついたのが、出会い系です。ときどき自分で慰めるために買うレディコミにのっていた広告のサイトにアクセスしてみました。もちろんそんなものを利用するのは初めてです。犯罪に巻き込まれる危険性があるというようなことも聞いていましたから。半信半疑でした。でも思いがけず、ある人と知り合い、会うことになったのです。

相手は五十歳過ぎの男性で、会社の重役でした。そんな年齢の人が出会い系を利用してるということにまず驚きましたが、接待で好評だったということもあったし、最初に出会う相手としては安心かなと思ったのです。そしてそれが、私にとって大きな転機になったのです。

さすがに五十歳を過ぎていると良識があります。会ってまず食事をしたのですが、ちゃんとしたお店でしたし、会話のセンスもよかったし、それに周りの人にも「出会い系で知り合った二人」とは気づかれないような気遣いもちゃんとしてくれて安心しました。だから食事のあとでごく自然にホテルについていったのです。もちろんラブホテルではなく、きちんとしたシティホテルでした。そんなふうにされたら、私のほうもそれなりの女としてふるまおうという気になります。この出会いを存分に楽しもうという気持ちになって、相手に従いました。

私もその人にしてみれば自分の娘と同じくらいの年齢でしょうが、ベッドの上ではきちんと扱ってくれました。同世代の男のようにガツガツしていません。体力とパワーで激しいセックスをする年齢ではないこともあって、私の体をすみずみまでていねいに舐《な》め回し、愛撫してくれました。愛撫とクンニだけで、私は二回もイッてしまったほど。そんな経験は初めてでした。

もちろん私のほうも自然と相手に奉仕することができました。初対面の人にフェラチオなんてできないと思っていましたが、なぜかあたりまえのように口に含み、ていねいにおしゃぶりしました。本当のことを言うと、歳も歳なので、ちゃんと勃起するんだろうかと不安もあったのです。でも気持ちが通じたのか、それは想像していた以上に硬く逞《たくま》しくなりました。正常位で入れられ、それから座位やバックなど一通りの体位で交わったあと、最後はおなかに出されましたが、挿入してからも焦ることなく十分に時間をかけてくれて、やはり二回イカせてくれました。

終わったあともベッドの中で抱き締めてくれて、私は自分でも不思議なほどゆったりした気分になったのです。

そして思いました。いまの私にも十分に女としての魅力がある、そしてそれを受け止めてくれるのは、自分の父親くらいの年齢の男性なのだと。同世代の男性にばかり目を向けていた自分の考えをあらためて、新しい歓びを見つけたのです。

それから私は出会い系を利用して、それくらいの世代の男性とのひとときを楽しむようになりました。それはまさに三十路デビューでした。

もちろん、いろいろな男性がいます。最初に会った人は本当に紳士的で思いやりのある人でしたが、社会的に地位があり経済的に余裕のある人は、たいてい同じような雰囲気で私を包んでくれます。でもそうじゃない人もいます。五十代六十代といっても、やはりいろいろな人生があるのだなと、いい勉強になります。

たとえば中田《なかた》さんという人はもうすぐ六十歳になろうという町工場の社長さんですが、フィリピンパブの若い子にお金を貢いで結局逃げられ、若い女はもう懲りたという人です。まだ三十代といってもいいほどの体をしていてセックスも強いのですが、徹底的に奉仕するのが好きみたいで、いつもホテルに入るなりお風呂にも入らず私の体を舐め回してきます。舌使いがとてもうまくて、胸を愛撫されながら乳首を転がされると、それだけでイッてしまいます。もともと私は乳首が敏感なのですが、胸だけでイクなんて初めての経験です。それから下のほうに顔を埋めて、一日会社で働いて、汚れた私のアソコを舐めるのです。自分の手で大きくアソコを開かされるのがすごく恥ずかしいのですが、舌先でクリトリスを責められると、恥ずかしさも忘れて股間を中田さんの顔に押しつけてしまいます。

「おいしいな、若い女のココは、においがキツくておいしいよ」

若い子なんて言われるだけでもちょっと恥ずかしいのに、においがキツいだなんて体が熱くなってしまいます。でも、二十代のコのにおいよりもこっちのにおいのほうが好きだ、なんて言われると、私もうれしくなって思わず腰が動いてしまうのです。

「いやらしいオツユのにおいとおしっこのにおいでクラクラするぞ」

「そんなこと言わないで、恥ずかしい……」

照れながらも、また何度も私はイッてしまいます。しかも、アソコでイカされたあとは、お尻が待っています。四つん這《ば》いにされてお尻の穴をきれいに舐められるのですが、汚れていてもためらうことなく舌を這わせ、中にねじ込み、しゃぶってくれます。女性としてこれほど恥ずかしいことありませんが、でもそれだけ年齢が離れていると、なんだか甘えるような気持ちもあって、ついお尻を突き出してしまいます。

「三十路女のアナルは、いいにおいがするな」

わざとそんなことを言って恥ずかしい思いをさせる中田さん。でもそういうのも、すごく興奮してしまうんです。私が恥ずかしそうな顔をすると、中田さんも喜びます。そういう恥じらいは、さすがに三十路だなって。「若い子は、お尻にティッシュがついてても平気な顔してるもんなあ」なんて言うのを聞いて、そういうものかしら、と思ったりもします。

中田さんのおかげで、最近はお尻でも感じるようになってしまいました。お尻で感じるなんて、とても恥ずかしい。自分がとてもあさましい女になった気がします。でも恥じらいながらもお尻で身悶《みもだ》えてしまう私を見て、中田さんは喜んでくれます。

そんな中田さんはバックから入れるのが好きです。ちょっと大きめの私のお尻がとてもいやらしくて好きだと言いながら後ろから乱暴に突っ込んで、激しく突いてきますが、ときには「いやらしいケツだな、たまんないケツだな」と言いながらお尻を叩《たた》くこともあります。そんなことされると、私の口からは自然と、

「ごめんなさい、許してください、いやらしいおケツでごめんなさい」

という言葉が出てしまいます。とても変態ぽいとは思うのですが、そういうのもすごく興奮して、ますますアソコがジンジンしてしまうのです。

もちろん最後は、そのお尻に出されます。飛び散った精液をお尻にぬりつけながら、中田さんは満足げに吐息を洩《も》らすのですが、私にとって中田さんは、私の

お尻の魅力を発見してくれた男性として感謝しています。

中田さんがお尻好きなら、橋口《はしぐち》さんはおっぱいが大好きです。どこかの企業の部長さんらしいのですが「ゴルフよりも麻雀よりも女が好きだ」というのが口癖のいかにも好色漢という雰囲気の人。年齢は五十代後半です。

いろんな女性と遊んできたそうですが「若い女はもう飽きた、かといっておばさんは体がもうガタガタだ、その点、三十路過ぎたくらいの女の体は、ちょうど熟れごろでいいもんだな」と言って、かわいがってくれます。

とくに、私のおっぱいを気に入ってくれたようで、二十代のころはDカップあった胸も最近はやっとCカップくらいなのですが、

「この微妙な垂れ具合がいいなあ、あんたの乳は絶品だよ」

などと言いながら、服の上から揉《も》んだり、ナマで揉んだりします。

橋口さんは、会社帰りでスーツ姿の私を縛るのが好きなんです。白いブラウスのボタンを上から三つだけはずさせ、ブラのホックをはずして上にずらすと、きちんとスーツを着てるのにおっぱいだけがプリンと剝《む》き出しになった姿になります。その格好で乳房の上下に縄をかけ、縛るのです。乳房の重さでやや垂れぎみのおっぱいは、まさにブラウスの間からこぼれ落ちそうな感じです。縄のおかげ

でそれが強調されて、すごくいやらしい感じ。橋口さんはそんな私を見てヨダレを垂らさんばかりに喜びます。

「エロいなあ、若いころによく見たビニ本を思い出すよ。どう見てもアンタくらいの女が、わざとセーラー服なんか着て撮られてるんだけど、やっぱり体の線は年齢をごまかせないんだよ。でもそれがかえってエロくていいんだ」

正直言ってよくわかりませんが、でも橋口さんもやっぱり、私くらいの年齢の女の体がたまらないようです。

そうやって乳房の上下をギュッと縛られた私を、後ろから抱き締めて乳首にイタズラしてくるのですが、なんだか変質者に辱めを受けてるみたいで、私もヘンな気分になってしまいます。そんなことされてると、やっぱり乳首責めだけでイッてしまうこともあるのです。

それだけではありません。弄《いじく》り回されて硬く勃起した乳首に糸を縛りつけ、その先に小さな鈴をつけるのが好きなのです。そんなのって、レディコミの漫画の世界でしか見られないものと思ってました。まさか自分がされるなんて。

Sっけの強い橋口さんは、そうやって縛られたうえに乳首から鈴をぶら下げた私を立たせて、ニヤニヤしながら眺めています。そして、ときどきおっぱいを揺さぶって鈴を鳴らすように命令するのです。言われたとおりにすると、チリンチリンとたよりない鈴の音がするのですが、それがいかにも自分が恥ずかしいことをさせられてるみたいで、とても情けない気分になります。でも橋口さんには、それがいいみたい。

「前にFカップの女子大生にこれをやらせたら、私は牛じゃないんだって怒り始めてたいへんだったよ。屈辱的なことをさせられてると思ったみたいだね」

確かに屈辱的です。さっきまで会社で働いていたままの格好で乳房だけ丸出しにして鈴をつけられてるなんて。

でもその屈辱感が、ヘンに興奮してしまうのです。飼われてるみたいな、人間扱いされてないみたいな、なんともいえない気分。そんなことを思っていると、とてもみじめな気分になってくるのですが、それがいいみたいで、「いい表情をするね、ますますいじめたくなるよ」なんて言って橋口さんはほくそ笑むんです。

ときには、その格好で、四つん這いになって床を歩かされることもあります。そこまでいくと本当に牛のようです。垂れ下がったおっぱいからぶら下がってる鈴が音をたてるたびに、ああ……と吐息が洩れてしまいます。

目の前に肉棒を突き出されれば、素直に口に含んでご奉仕します。四つん這いのままのフェラチオ。しかも、剝き出しのおっぱいがプリプリ揺れて、鈴がチリンチリン音をたてています。

ときどき橋口さんが鈴をひっぱって乳首をいじめてきます。かすかな痛みと屈辱感に体が反応してしまい、股間がたっぷり濡れてくるのがわかります。

挿入するときもスーツと鈴はそのままです。正常位でもバックでも、どんな体位で入れられても、激しく突かれると鈴が鳴ります。それがひどく情けない感じなのに、ますます興奮してしまう私は、どこかアブノーマルな願望がある女なのかな、と思います。

そのうち鈴の音そのものに興奮するようになって、すこしでも大きく鳴らそうとして、自分でも体を激しく動かすようになりました。私が上になって動くときは、縛られているのに上体を大きく揺さぶるように動いて、乳房をタプタプ揺らすようにするのです。すると、鈴の音も大きくなります。それがまるで自分の快感の大きさを示してるみたいで、

「鈴をつけられて責められてるアンタは、いかにもマゾ女という感じで、見てるだけでゾクゾクするよ」

橋口さんはうれしそうにそう言ってくれます。私も思わず、

「いままで知らなかった私を見つけてくれて感謝してます。これからも、いろんなことを教えてくださいね。なんでも言うとおりにしますから」

なんて言ってしまいます。もちろんそれは本心です。私にそんなことを言ってくれる人は初めてです。素直にうれしく思うのです。

責められるばかりではありません。私が責めることもあります。

五十歳過ぎというと、会社ではかなり上の役職にある人が多いのですが、いつも人の上に立っている反動があるのか、私の前では責められる側になりたがる人がけっこういるのです。

百瀬《ももせ》さんがそうです。私は百瀬さんのことを「部長」と呼んでいますが、実際に部長かどうかは知りません。ただそう呼ぶと、彼はとても興奮するのです。

部長はいかにも「重役」という感じで恰幅《かっぷく》がよく、威圧感のあるタイプです。この人きっと会社では威張り散らしてるんだろうなあという雰囲気なのですが、なぜか私とホテルに入ると人格が変貌します。

まず最初は、床にひれ伏して私の足を舐めることから始まります。一日中ハイヒールをはいて仕事していた私の足はきっとむれてすごいにおいがすると思うのですが、それでもかまわずストッキングの上からペロペロと舌を這わせます。

「おいしい、おいしい……」

感極まった声でそうつぶやく部長にストッキングを脱いで渡すこともあります。するど部長はそれを大切そうにポケットに入れてから、さらに直接足を舐めます。においを嗅ぎながら指の間までていねいに舌を這わせて、ときどき感じ入ったように吐息を洩らす姿は、外での姿からは想像もできません。

それから部長の舌はだんだん上に這い上がってきます。タイトスカートをめくり上げ、太腿《ふともも》の間に顔を埋め、パンティの上から股間に鼻先を押し当ててクンクンにおいます。そこまでくると、部長の股間はもうギンギンに勃起しています。

それからは私が主導権を握る番なのです。

私は「本当にスケベな変態男だね」などと言いながら、部長を足蹴にして床に転がしてやります。そして足でいたぶってやるのです。顔を踏みつけ、足の裏を舐めさせ、部長の唾液で濡れた足で、スーツの上から胸やおなかを踏みつけます。ブランドもののいいスーツなのでしょうが、そんなことはおかまいなしに踏みにじってやります。とくにおなかはウイークポイントです。「このデブ、みっともない腹だね」みたいなことを言いながら足で思い切り蹴飛ばしてやると、部長は、ひいひい言って喜びます。そんな姿を見てると、私もなぜかゾクゾクしてしまうのです。

もちろんそれで終わりではありません。今度は、ズボンの上から足で男性自身を弄《もてあそ》んでやります。もうかなり硬くなってることは、足の指でもわかります。ズボンの上からしごき上げてやると、部長は情けない声を上げてよがり狂います。やがて自分からズボンとパンツを下ろして丸出しにするので、直接、それを弄ってやります。しかも、いかにも汚らわしいものを弄るように、足の指でつまんだり、軽く蹴ったり。すると部長は、女性のような声を上げて、ますます喜ぶのです。

そのうち指先に、あの我慢汁というのか、男性自身の先端から溢《あふ》れる液体がからみついてきます。それをぬりつけるようにしてまた弄ってやります。

そうやってるうちに、部長はどんどん感極まってきます。そして、最後はとうとう足でしごかれながら発射してしまうのです。

年齢を考えれば一度出してしまえばそれでおしまいかなとも思うのですが、そうではありません。今度は、パンティを脱いで部長の顔の上に座ってやります。これも部長のお気に入りです。洗ってないアソコを顔に押しつけると、それだけで萎《な》えかけたものがムクムクとよみがえってきます。

それから私は、いままでの人生で一度も口にしたことのないような言葉を口にして部長を愚弄《ぐろう》してやります。

「部長、どうですか、部下の女子社員のオマ○コの味は？」

最初のうちは恥ずかしくてなかなか言えませんでしたが、そのうちだんだん自然に口にできるようになりました。

「顔にこすりつけられて硬くするなんて、本当に破廉恥な上司ですこと。ちゃんときれいにお掃除してくださいね」

そう言われて部長はうれしそうに鼻を鳴らしながら、舌でそこをすみずみまできれいに舐めてくれます。自分の娘ほどの年齢の女性の股間をきれいに掃除するなんて、どんなに屈辱的なことかと思うのですが、でも部長は我慢できなくなると再びいきり立ったものを自分でしごき始めます。しごきながらも舌を動かし続けるのです。

顔面騎乗というのだそうです。部長に教えてもらいました。この年齢になってそんなものを覚えるなんて夢にも思いませんでした。最初はとても抵抗があったのに、いまでは自然にできるようになったことが自分でも不思議です。

ひとしきりそうやって舐めさせると、今度は位置をかえて部長の下半身に跨《また》がります。そしてその昂《たかぶ》ったものを握り締めて、部長の唾液でベチョベチョになったところに挿入します。

立派なブランドもののスーツを身につけた部長が下半身だけ裸になって私の体の下で身悶えているのを見下ろしながら、私は激しく腰を前後左右に振ります。そんなふうに私が主導権を握って腰を使うなんて初めての経験です。どちらに動いても、どんなふうに動いても、部長は「あう、おう」と声にならない声を上げて反応します。それはやはり「犯す」という感覚なのでしょうか。男性が女性とセックスするときの征服感というのは、こういうものなのでしょうか。

ともかく、私が部長を感じさせている。私の動きに合わせて部長はわれを忘れてみっともない声を上げている。そう思うと、いままで全く知らなかった不思議な満足感、自分の心の中にひそんでいる悪女的なものが歓喜の悲鳴を上げているかのような、そんな快感がむらむらとわき上がってくるのです。その快感に私は夢中です。

やがて部長は寝そべったまま、自分でスーツを脱ぎます。まるで体からむしりとるように、乱暴に引きちぎるようにスーツを脱ぎ全裸になります。すると目の前にはでっぷりと盛り上がった部長のおなかがあらわれます。そのおなかを平手で叩き、指先でつつき、ときには乳首をつまんで引っぱりながら、私はまた悪態をつきます。

「みっとみないおなかですこと。なんのためにこんなにブヨブヨになったんだか。接待接待で毎日無駄においしいもの食べてるからでしょう。部長は、上司として最低ですね。部下としてなんの誇りも感じませんわ」

そんな侮辱的なことを言いながら乳首を引っぱると、部長は「ああ、許してください、お願いです、もう威張らないから」なんて、やけに切実な声を上げて感じまくります。きっと思い当たることがあるのでしょう。

「このデブ、無能な上司、会社を潰す気ですか、全く」

そんなことを言われながらも、部長はただ、ひいひい情けない声を上げているだけです。私の中に入っている肉棒がますます硬くなり、突き上げてきます。そうなると私のほうもますますエスカレートしてきます。自然に口をついて出てくる悪態の言葉に自分で酔い痴《し》れながら、ますますいやらしく腰をくねらせてしまうのです。

そのうちとうとう、部長が最後の瞬間を迎えます。

「もうダメ……限界です」

そんなことを言って情けない悲鳴を上げる部長のおなかを小突きながら、私もグイグイと自分の体を動かして自分自身を追い立てます。いろんな人とセックスするようになったおかげで、自分がどうやったらイクことができるかのコツやペースをつかんできたようで、それなりに相手に合わせることができるのです。

もうすこしでイキそうな自分を抑えておいた私は、部長の声に合わせて最後の階段を駆け上がります。そして部長がイク寸前に満足すると、急いで体を離して、部長のそれをむちゃくちゃにしごき上げます。声が裏返ってしまいそうになりながら、部長はまた精液を吐き出します。といっても年齢のせいか二度目の発射は前にくらべてずいぶんと貧弱な射精で、だらりと私の手を汚します。それでもしごき続けると、部長は腰をよじらせながら、あっあ……やあ……と情けない声を上げるのです。

自分よりもうんと年齢が上の男性にそんなことをするなんて、以前の私には考えられないことでした。でもいまは、そんな行為で興奮してイッてしまう自分がいます。部長は、私のことをとても気に入ってくれていて、

「若い子を相手に同じようなことをしたが、ダメなんだ。若い子は相手が年寄りだというだけで最初からバカにするからね。仕事もなにもできないくせに、自分の

おやじほどの年齢の男を軽蔑してるんだ。腹が立つ」

その点、私はちょうどいいのだそうです。それなりに仕事もできて、世間的な常識もあって、こまやかな気遣いもできて、人としても女性としても一人前、だからこそ屈辱的なことをされても納得できるし、安心できるのだそうです。

正直私にはその気持ちはわかりません。でも、確かに私には部長をバカにする気持ちはありません。きっと実生活ではいろいろなことがあるのだろうから、せめて私といるときくらいは好きなことをさせてあげたいという気持ちになるのです。きっと、それがいいのでしょう。なんでも許してあげようという気持ちが。

部長だけではありません。ほかの人に対してもそうです。

どんな恥知らずなことをされても、変態なことをされても、なんでも受け入れてしまう、そんな私がきっといいのでしょう。私のほうはそれほど深い考えがあるわけではなく、ただいままでろくに恋愛もセックスも経験してこなかったから、それをとり戻そうとしているだけなのです。

シニア世代という言い方では語弊があるかもしれません。でも私はようやく、結婚もできず、ただ会社にしがみついているだけの三十路女を必要としてくれる男性たちに出会えた。それがたまたまシニア世代だったというわけです。

あまり大きな声では言えませんが、セックスだけではなく、そうやって出会い系サイトで出会った男性たちの多くは、お願いしたわけでもないのにおこづかいをくれたり服やアクセサリーをプレゼントしてくれたりします。断る理由もないので、いつも素直にいただきますが、そうやって私のために何かをするというのも、男性たちにとっては大切な癒しの一つのようです。

出会い系サイトを利用して実現した私の三十路デビュー。世の中には、いろんな恋愛やセックスがありますが、こんな男と女の関係もあるのです。いままでは会社でも以前のような引っ込み思案な私ではありません。毎日が楽しくてたまらない今日このごろです。結婚なんかには興味ありません。しなくていいかなって思います。いまはただ、この生活がいつまでも続くことを祈っているだけなのです。

会社の女帝ＯＬのワガママに翻弄され、淫らな要求を断ることができずに

○西谷俊彦（仮名）会社員・二十七歳

本社勤務を命じられたときのオレは、まさに人生最良の時期が来たって感じだった。五年つきあってきた彼女と正式に婚約して、半年後には結婚する予定だったし、本社で実績を残して認められれば、出世にも弾みがつくというものだ。同期の連中からもけっこう羨《うらや》ましがられたんだが、なかにこんなことを言う同僚がいるのが少しだけ気になった。

「なんでも本社には、すっげえお局様《つぼねさま》がいて、そのお局様に嫌われでもしたら出世にも響くらしいぜ。何人もの上司と不倫経験があるから、誰も逆らえないんだと」

地方の支社には、社員が少ないこともあって、いわゆるお局と呼ばれるような古株のＯＬはいない。そんなオレも、女同士の確執が恐ろしいっていうのは、元ＯＬだった彼女から聞かされていた。

けど、そのお局様のうわさは、単なる尾ひれがついているだけだろうとオレは高をくっていた。そして意気揚々と本社に着いたオレは、さっそく上司や各部署に挨拶回《あいさつまわ》りをしようと思った。だが、オレの直接の上司である課長は、意外なことを言い出した。オレの仕事とは全然関係ない部署の、高津《たかつ》という女性社員に会いに行ってこいと言うのだ。

「えぇと、高津くんは社内のいろんなことに詳しい人だからね。わからないことなんかは彼女に聞くといい。とりあえず挨拶だけでもしておいてくれ」

はぁ、とオレはすぐにピンときた。その高津っていうのがうわさのお局様なのだろう。しかし上司に言われたことに従わないわけにはいかない。オレは高津とかいうＯＬの顔を拝んでやろうと思った。

「本日付けで本社勤務を命じられた西谷《にしたに》です。よろしくお願いします」

「あぁ、あなたが……あなた、婚約者がいらっしゃるんですってね」

いきなりプライベートなことを言われ、オレは面喰《めんくら》った。高津薫《かおる》というそのＯ

Lは、三十過ぎのちょっと険のある美人だった。周囲の若いＯＬたちがオレと彼女の様子を気にしながらも、ぴりぴりと緊張しているのが感じられる。

それにしてもオレの結婚の情報など、どこから仕入れてきたのだろう。少なくとも、初対面で話題にするようなことじゃないだろう。オレは思わずムッとした。

「……個人的なことですから。じゃ、ほかの部署にも挨拶回りに行きますので」

それだけ言い残して、オレはさっさと彼女に背を向けた。ＯＬたちのあいだにサッと緊張した空気が走るのがわかったが、オレはもうお局様のことなど考えていなかった。一日も早く本社に慣れるため、オレは精力的に引き継ぎ作業を行い、勤務初日に残業することになってしまった。

(美波《みなみ》には悪いことしちゃったな。でも、チャンスは生かさなきゃな)

部内にはオレ一人、ほかの部署の明かりも大半消えているようだ。背後に人の気配を感じて振り返ると、あの高津というＯＬが佇《たたず》んでいた。妖しい笑みを浮かべて近づいてくる彼女の姿を見て、オレはぎょっとした。制服の胸元のボタンがはずれ、はだけられた乳房を自分で揉んでいたのだ。

しかもよく見ると、パンストを穿《は》いていない生足だ。オレの視線に気づいた彼女はスカートの裾を少しずつめくり上げ、太腿を曝《さら》け出していった。

「な、なにしてるんですか！」

「ふふ……定時で上がってからずっと、お手洗いでオナニーしてたのよ。つっけんどんなあなたが、どんなふうに婚約者とセックスするのかを想像しながらね」

これはうわさ以上に厄介なお局のようだ。挨拶のとき、変に反抗的な態度をとったのが、逆に彼女の興味をそそったのかもしれない。とはいえ、美波という婚約者のいるオレが、こんな淫乱ＯＬの餌食になるわけにはいかない。ほかの人間はどうだか知らないが、このオレはお局様などにへいこらするような人間ではない。

「ねぇ、たまには彼女以外の女を抱きたくはない？」

「冗談でしょ、ほかを当たってください」

オレはそう言うと、さっさと書類を片づけ始めた。そしてなんとも卑猥《ひわい》な姿の彼女を残し、とっとと帰ってやったのだった。しかし、それをきっかけにオレの受難の日々が始まったのだった。

とにかくひどいものだった。翌日からあらゆる部署のあらゆる人間が、オレ一人に雑用仕事を押しつけてきたのだ。断ろうにも、上司は「早く本社に慣れなさい」と聞く耳を持たない。自分の仕事などするヒマはないから、すべて残業になってしまう。そんな状況が、一週間以上も続いた。

(これは、あのお局様の差し金なのか? くそ、ふざけやがって!)

しかしその証拠はどこにもない。意地になって残業を続けていたときだ。同じ部署の三つ上の先輩が、オレに声をかけてきた。

「おい、西谷。今日はそのくらいにして帰れ。それと……お前ももうわかってると思うけど、あの高津っていう女には逆らうな。とにかくごきげんを損ねると厄介な相手なんだ。会社を出たら、偶然会うかもしれないが、そのときは……わかってるな」

オレは先輩の言葉に反論する気力もなかった。会社を出たオレは、たまたまそこで佇んでいた高津女史に出会った。彼女はオレを見るとにっこり微笑んで、オレに腕を絡めてきた。

「遅かったのね、早く行きましょう」

婚約者のいるオレが、ほかの女と腕を組んで歩いているところを知り合いにでも見られたら、大変なことになる。それでもオレは彼女の手を振りほどけなかった。そんなことをすればいつまでたっても状況は好転しない。

彼女はオレと腕を組んだままタクシーを拾い、自分のお気に入りのバーにオレを連れ込んだ。そして度数の強いカクテルをバンバン頼んでは、何杯もそれを空けてけろりとしていた。と、バッグから細巻の煙草を出すと、細い指にそれを挟んでオレのほうに突き出す。

「あの……ボクは吸わないのでライターは」

そう言うと、彼女は黙って酒場のドアを顎《あご》で指し示した。オレはブチ切れそうになるのを必死で抑えつつ、酒場の近くのコンビニまで行ってライターを買ってきた。彼女は万事がその調子で、恐ろしいワガママぶりでオレをてんてこ舞いさせたのだった。いいかげん酒が回ってくると、彼女は周囲に聞こえるような声でこう言った。

「さぁ、そろそろホテルに行って楽しみましょう！」

周囲の客が目を丸くするのを、彼女は楽しんでいるようだった。毎度のことなのか、店員は見て見ぬふりで苦笑を浮かべている。オレは赤面しながら彼女を連れて店を出た。行く先は……もちろん、ホテルだった。

ホテルに入ってからも、彼女のワガママは変わらなかった。オレは人形のように突っ立っている彼女の服を脱がせ、風呂場で体の隅々まで洗ってやった。これじゃお局様というよりお姫様だ。

「あら……顔は不満そうなのに、そこは反応してるじゃない？」

いきなり風呂場で股間を握られ、オレは思わず声を上げてしまった。確かに、股間のイチモツはビンビンに勃起してしまっている。連日の残業で疲れているためだ、と言いたいところだが、そうではなかった。

三十過ぎのはずなのに、彼女の裸身が想像以上に美しかったからだ。肌のきめは細かいし、プロポーションもいい。悔しいが、バストも美波より立派で形がいいし、尻にはむっちりと脂が乗っていて強烈に色っぽかった。

裏で手を回したり、汚いことをする性悪のババアだとわかっていても、こんな裸を間近に見て、この手で洗っているのだ。反応しないほうがどうかしている。

彼女はクスクスと笑いながらオレの顔をのぞき込み、イチモツを手で揉み続けた。

「あなたもさわっていいのよ。今日はお互いのこと、よく知り合うんだから」

オレの手をとって胸に当てさせると、彼女は太腿を広げた。泡にまみれた陰毛の奥にあるワレメは、もう濡れているのだろうか……オレはやわらかな肉球を揉みつぶし、彼女の股間に手を差し入れていった。

「あん、かたくて太い指。私のおま○こ、濡れてるでしょう」

「え、ええ。指、入れましょうか」

無言をイエスと受けとったオレは、指を一本ズブリと膣穴にねじ込んだ。ひくっと身をふるわせると同時に、膣肉がすごい力で締めつけてきた。どうやら締りも相当のようだ。これまでにも何人もの上司や男性社員を喰ってきているに違いないのに、この締めつけとは驚かされる。

こうなったら、このいけ好かない女を徹底的によがらせてやろうとオレは決意した。背後から抱き締めてうなじに顔を埋め、舌を這《は》わせながら、オレは乳房と股間を同時に責めた。彼女はオレの腕の中でひいひい悶《もだ》えてよがり声を上げる。

「あふぅ、あぅうんっ！　乳首つまんで、乳首いいのぉ……あっ、指がもう一本入って……あぁ、そんなに奥まで！　すごくいいっ」

ほとんど絶叫に近いようなよがり声が、浴室にこだまする。彼女の感度のよさについ引き込まれ、オレもいつの間にか夢中で手首を動かし、乳首を指でコリコリと捏《こ》ねまくっていた。

自分の恋人とくらべるのもどうかしているが、美波はけっこう恥ずかしがり屋で、いくら感じてもあまり声を出さないのだ。オレはそれを内心不満に感じていて、もっと派手によがりまくってくれないだろうか、などと考えていた。彼女の反応はまさにオレの理想に近かった。

「た、高津さん、気持ちいいですか?」

「いや、そんな呼び方。ねえ、婚約者はなんていうの? その名前で私を呼んで」

なんてことを言い出すんだ、この性悪女は。しかしオレに選択の余地はなかった。オレは恋人に心の中で謝りながら、年上のお局様を「美波」と呼んで、さらに膣穴をかき回し続けた。

「あぁ、いい……本当にいいわ。でもそろそろ俊彦《としひこ》クンのぶっといこれがほしいの。これで美波のスケベな穴をズコズコして」

彼女は浴槽に両手をついて四つん這いになり、オレに向けた尻をいやらしく振った。たぶん偶然だと思うが、彼女は美波と同じ呼び方でオレを呼んだ。もちろん美波はあんな淫らなおねだりなどしないが、不覚にもイチモツは敏感に反応し、みりりと反り返ってしまった。

「早くぅ、ゴムなんかつけなくても妊娠の心配はないわよ。思い切り中出ししてもかまわないから」

大胆な彼女の言葉に、オレはゴクリと生唾を飲み込んだ。生ハメなんてもうずいぶんしていない。まして中出しだなんて、どんな男だってその言葉を聞いたら、本能が刺激されてしまう。

もし彼女がオレにウソをついていたとしたら、もしもこれで彼女が妊娠でもしてしまったら、オレは美波と別れることになってしまうだろう。本当にオレが美波を愛しているのなら、彼女がなんと言おうとオレはゴムをつけるべきだったのだ。だが、目の前で淫らに揺れる真っ白な尻は、あまりにも魅力的だった。

オレはイチモツをしごき立てると、泡にまみれた彼女の尻を撫で回した。そして尻肉を左右に押し広げると、ペニスの先端をその奥に突き入れていった。石鹸のぬめりとは違う、ぬるりとした感触。下からすくい上げるように腰を突き出すと、イチモツはずるんっと奥へと吸い込まれた。

「うぁ……！　あたたかい……」

「もっと、もっと奥まできて。あぁそうよ、入ってくるぅ」

彼女の膣内は大量の愛液で満ち溢《あふ》れ、オレをあっさりと受け入れると、ぎゅうぎゅうと強く締めつけてきた。ただ狭苦しいというのではなく、微妙な襞の凹凸が四方から押し寄せてきて、亀頭や裏筋に絶妙の刺激を与える。

こうしてただ挿入しているだけで、イチモツは絶え間なく刺激を受け続けていて、いますぐにも達してしまいそうだ。オレは彼女の腰を両手でつかむと、ものすごい勢いで腰を振り立てた。

「すごい、すごいぃいいぃ！　おま○この奥まで届いてるっ」

「うあぁああ、美波っ、みなみっ！　くそっ、このっ！」

オレは恋人の名前を叫びつつも、お局ＯＬのま○こに夢中になっていた。膣奥からは熱い愛液がどんどん分泌されていて、突き入れるたびにイチモツを包み込む。こぼれ出たま○こ汁は玉袋や太腿を伝い落ちるほどだ。

ずっと同じ動きばかりだとすぐに射精感がこみ上げてくるので、オレはピストンに変化をつけた。根元までねじ込んだ状態で腰を回すようにこすりつけたり、挿入した状態でうしろから乳房を揉みまくったりした。かたくしこった乳首を指で捏ねると、ま○こがキュンキュン締めつけてきた。

「うあぁあっ、ダメだ、出るっ！」

「出して！　熱いミルク、中で出してぇ！」

オレはお局ＯＬの巨乳をぎゅうっとつかんだまま、腰をふるわせて精液を注ぎ込んだ。射精の途中も膣肉はビクビクと痙攣《けいれん》を繰り返し、そのぶん快感を感じる時間が持続した。こんなに具合のいいま○こは生まれて初めてだった。

マジで搾りとられたという感触に、オレは大きく息をついた。浴室のタイルにへたり込むと、ま○ことち○ぽの先がザーメンの糸でつながっていた。彼女はま○こに指を潜らせてくちゅくちゅとかき回し、「あぁ……」と満足げな声を洩《も》らした。そしてたっぷりと注ぎ込んだ白濁液を指ですくいとって振り返ると、オレに見せつけるようにその指をねぶった。

「とっても濃くておいしいわ。あなた、けっこう溜《た》まってたんじゃないの?」

からかうような彼女の口調に、オレは頬が熱くなるのを感じた。確かに本社勤務になってからこっち、一度も彼女に会ってないばかりか、残業続きでオナニーするヒマもなかったのだ。

本当に久しぶりのセックスだったし、年上の性格ブスとのセックスとは思えないほど気持ちよかったのも事実だ。生で味わったま○この感触、そして中出しの快感が甦《よみがえ》ってきて、オレのイチモツは浅ましく再び力を漲《みなぎ》らせていった。

「ふふ、そのぶんじゃすぐに第二ラウンドができそうね。私は汗を流していくから、あなたは先に出て待ってらっしゃい」

小生意気な三十路《みそじ》女に逆らう気力は、もうオレにはなかった。婚約者の美波には悪いが、彼女の体はたしかに魅力的で、オレは一人の男として彼女に欲情してしまっていた。強制されて関係するのではない、あの熟れた体を徹底的に犯しまくってやりたいと、男の本能が強く訴えていた。

　風呂から上がったオレは、努めて婚約者のことを頭から追い出そうとした。それに、どうせもうイッパツやっちまったのだ。このことはなにがあっても美波には言えないし、一度やってしまえば二度も三度も同じことだ。

　いつしかオレはすっかり開き直っていて、ベッドの上で大の字になって彼女が来るのを心待ちにしていた。イチモツはすでに戦闘体勢で天井を仰いでいる。と、そこにバスローブを羽織っただけの彼女がやってきた。前がはだけていて、白い肌に濃いめの陰毛がたまらなくそそる。

　彼女はベッドの端に腰を下ろすと、ビンビンに勃起したオレのモノを見てくすくすと笑って手を伸ばしてきた。

「あら、婚約者以外の女の裸を見てこんなになっちゃうなんて、いけない男ね。恥ずかしくないのかしら?」

　ぎゅうっと痛いほど握られて、オレは少し声を洩らした。彼女はオレのイチモツをオモチャのように弄《いじく》り回し、軽くしごいたり指先で鈴口をくりくりとくすぐったりして遊んでいた。オレも彼女の乳房や股間を弄りたいところだが、彼女はわざとオレの足下に座って、自分だけが楽しんでいた。

「もう観念しちゃったの？　バーではあんなに怖い顔して私を睨《にら》んでたのに」

「……仕方ないじゃないですか。どうあっても、ボクはこれからあなたにレイプされるんでしょう。あきらめておとなしく身を任せますよ」

オレの言葉に彼女はぷっと吹き出した。けらけらと笑いながらオレの太腿に抱きついてきて、イチモツに頬ずりをする。きめの細かい肌が心地よく、思わずびくりとイチモツが反応してしまった。

「あはは、あなたって意外と面白い男だったのね。いいわ、お望みどおり犯してあげる。まずは私に精いっぱい奉仕するのよ」

そう言うと彼女はベッドに上がり込んできて、逆向きにオレの体に跨《また》がった。目の前に迫るま〇こにオレは口を押し当て、舌を突き出した。さっきまでオレのイチモツを突っ込み、中に精液を注ぎ込んだところだ。自分自身のとはいえ、においや味がするのもかなわないなと思ったが、意外や石鹼の香りしかしない。

「あん……クンニも、なかなか上手じゃない。もっとあちこちねぶりなさい」

言われるままに、オレは隅々にまで舌を潜らせたが、愛液のしょっぱい味しかしない。中出しされたあと、ていねいに風呂で洗ってきたのだろう。オレの中で彼女の好感度が少しだけ上がった。

性器独特のにおいや味を好む人間も多いが、それでも不潔な性器を好むヤツはいない。男にクンニしてもらうのは大好きなのに、ま○こをよく洗わない女というのもなかにはいるのだ。言いたくないが、交際し始めの美波はそんな感じだった。

「あぁ〜っ、感じるぅ。もっとして、もっと舐《な》めて」

オレは興奮して、顔ごと股間にこすりつけるようにねぶり回した。舌をうんと突き出して膣穴にねじ込むと、しょっぱい愛液が溢れ出す。それを勢いよく啜《すす》り上げると、彼女はオレのイチモツにしがみつくようにして悶えた。

「あ、あふぁ……んむぅう」

ようやく思い出したようにイチモツを口に含むが、オレが舌の動きを変えるとすぐに吐き出してひいひいよがる。フェラチオするのもおろそかになるとは、これはかなり本気で感じているようだ。

いっそこのままクンニでイカせてやろうと、オレは彼女のでかいヒップを両手で抱え込んだ。そしてぱっくりと広がったま○こに顔の下半分を押しつけ、頭を上下に揺らしてこすり立てた。

鼻面をクリトリスに当てて「ごりっ」と勢いよく顔を動かすと、上唇、そして下唇が連続でクリを刺激していく。何度もそれを繰り返すと、愛液が泡だって白く粘液状になってきた。

「ひぃ、ひぁあああうぅうっ！　イク、またイッちゃうのぉおっ！」

ベッドのスプリングが軋《きし》むほどの勢いで、彼女はオレの体の上で痙攣した。もうフェラチオをする余裕もなさそうなのに、それでも必死にオレのモノを握りしめて放さないのが、なんともいやらしく思えた。

時間にして二十分近くもよがり続けただろうか。彼女もさすがに体力が尽きたのか、オレの体の上でぐったりしてしまった。膣奥から溢れ出る濃厚な愛液を啜り上げるとピクッと反応するが、イキ疲れてしまったようだ。そっと体を移動させて横たえてやると、彼女は「うぅん……」と悩ましい声を洩らした。

オレは手の甲で口元を拭《ぬぐ》った。ねっとりとねばつく愛液が、独特の淫らなにおいを発散させている。目の前でだらしなく横たわる年上の女体に、オレはどうしようもないほど興奮した。

オレは彼女の片足を持ち上げると、自分の肩に乗せた。大きく広がった足のつけ根にぐっしょり濡れた股間の割れ目が広がっている。そのまま太腿で彼女の股間を挟み込むようにして、いきり立ったモノを捻《ねじ》り込んでいく。途端にきゅんと膣肉が締めつけてきて、熱い粘液に包み込まれた。

「くっ、キツイ……」

胸の前に彼女の片足を抱え込むような格好で、下腹を突き出した。ずぶりと挿入が深まって、彼女は気持ちよさげな声を上げた。根元までねじ込んでから、オレは片手を伸ばして彼女の大きな乳房をぎゅうと握りつぶした。

「それ、いいっ、もっと揉んで……」

言われるまでもない。オレは腰を浮かせてピストンを始めると同時に、白く大きな肉球を激しく揉んだ。反り返ったイチモツの先端を叩《たた》きつけると、こつこつと壁のようなものに先っぽが当たる。どうやらバックの体勢よりも挿入が深くなっているようだった。

「どうだ、ち○ぽハメられて、気持ちいいのかっ！　ま○こグリグリかき回されて、愛液の飛沫《しぶき》が上がってるぞ！」

彼女のスケベぶりに思わずつられるように、オレはふだんなら言わないような卑猥な言葉を口走りながら、猛烈に腰を振り立てて彼女を犯した。言葉責めの経験はほとんどないが、女をイチモツと言葉で嬲《なぶ》るというのが、こんなに興奮するものだとはちっとも知らなかった。

「いいー、いいのぉ～っ！　もっと犯して、スケべま○こにザーメンぶちまけて～っ」

オレの言葉責めに刺激されたのだろう、彼女もまたいやらしい言葉を吐きながら、力いっぱいシーツをつかんでよがり狂った。くびれた腰をよじると、膣内でイチモツが右に左に揺れる。

膣肉はひっきりなしに痙攣を続け、彼女がずっと絶頂状態にあることを示していた。にもかかわらず、乳房をつかむオレの手に自分の手を重ね、さらに刺激を求めるほどの貪欲さだった。オレも負けじと乳房に指を食い込ませながら、ピストンの速度をドンドン速めていった。

「ひぃいいい！　しぬ、しぬぅううう～っ！」

最大級のエクスタシーに達したのか、彼女の体が大きくしなった。ものすごい締めつけにオレも限界に達し、彼女の中に二度目の射精をドクドクと流し込んだ。射精は恐ろしく長く続き、オレは前髪から汗を滴《したた》らせてベッドに倒れ込んだのだった。

それから三十分ほどベッドの上で休んでいたのだが、先に回復した彼女がオレのモノをぺちゃぺちゃとねぶり始めたのには驚いた。さすがにもう萎《な》えていたが、彼女は飽きることなくフェラチオを続け、とうとう勃起させてしまった。

「まだまだ、こんなものじゃ私は満足しないわよ」

そう言って、彼女は騎乗位で腰を振り始めた。あれだけよがりまくっていたというのに、たいした体力だとオレは心底感心した。三十路女の性欲というのは、本当に底無しのようだった。

結局、オレは文字どおり彼女に逆レイプされ、三度目の精液もしっかり彼女に中出しさせられたのだった。

オレとのセックスがよほど気に入ったのか、彼女はそれからも何度もオレを誘ってホテルに連れ込んだ。とにかく少しでも機嫌を損ねるとへそを曲げてしまい、またオレを残業づけにしかねないので、つきあうよりほかなかった。

ただし、オレ自身も彼女との濃厚なセックスを楽しんでいたのは否定できない。男よりセックスに貪欲《どんよく》な女というのも新鮮だったし、彼女との交わりに溺《おぼ》れていたおかげで、オレは自分の婚約者をほったらかしにしていた時期さえあった。土日ともなると連チャンでセックスしまくっていたりするので、美波とは気まずくなって、婚約破棄を言い出されたこともあったくらいだ。

それからはちゃんと婚約者とも定期的にデートするようになったが、高津女史

の淫らさを体験したオレにとっては、正直言って美波との穏やかなセックスでは
もの足りないと思うときもあった。
そんなこんなでお局ＯＬの高津女史の下僕としてしばらく過ごしてきたのだが、あるときを境にぱったりとお呼びがかからなくなってしまった。というのも、お局様の興味は若手新入社員に移ってしまったらしく、今度はその男に熱烈アタックをしかけるようになったのだ。
まあ早い話がオレはお払い箱ってわけ。そのあと、オレは再び地方支社に戻り、無事に婚約者と結婚したのだが、あのときの快感を貪《むさぼ》り合うようなセックスをときどきなつかしく思うときもあるのだ。

◎本書は、
『素人投稿スペシャル　人妻白書』
『素人投稿スペシャル　人妻白書２』
『素人投稿スペシャル　人妻白書３』
『素人投稿スペシャル　相姦白書』
『素人投稿スペシャル　相姦白書２』
『素人投稿スペシャル　相姦白書３』
『素人投稿スペシャル　熟女白書１』
（以上マドンナメイト文庫）に収録された作品からセレクトし、再編集したものです。

＊いずれも、本文庫収録にあたり、表現その他に修正を施しました。

二見文庫

夜《よる》の告白《こくはく》

編者　素人投稿編集部《しろうととうこうへんしゅうぶ》

発行所　株式会社 二見書房
東京都千代田区三崎町2-18-11
電話　03(3515)2311［営業］
03(3515)2313［編集］
振替　00170-4-2639

印刷　株式会社 堀内印刷所
製本　合資会社 村上製本所

落丁・乱丁本はお取り替えいたします。
定価は、カバーに表示してあります。
Printed in Japan.
ISBN978-4-576-12086-7
http://www.futami.co.jp/